Bonner Straße 328, 50968 Köln, Germany
www.brunomedia.de

Herausgeber: Ralf-Dieter Brunowsky

Text: Hans-Dieter Brunowsky, Maximilian Kubenz

Verlagsmanagement: Stefan Mühler
Lektorat und Redaktion: Frank Schumann
Gestaltung: Glückert Graphic Design
Fotos: Tilmann Falbe, Hamburg; Studio Brandenburg;
Stockxpert; iStockphoto; Fotolia

Druck: Polygraf Print Ltd.
Printed in Slovakia

ISBN: 978-3-9811506-0-5

www.opadaskannstduauch.de
www.brunowsky.de (Blog)

OPA
- das kannst du auch II

Mein Enkel erklärt mir das Internet

von Hans-Dieter Brunowsky
und Maximilian Kubenz

BRUNOMEDIA®
BUCHVERLAG

OMA, DAS KANNST DU AUCH …

… könnte der Titel des Buches lauten, denn es waren in großer Zahl gerade die Damen, die sich mit unserem ersten Band schlaugemacht haben – unsere Fan-Post beweist es. Deshalb widmen wir diesen Band allen PC-Seniorinnen.

Vorwort

Eigentlich wollte ich ja mit 83 Jahren nicht mehr vom Ruhestand auf eine schriftstellerische Dauertätigkeit umschalten. Aber das Echo auf unser erstes Buch war so positiv, dass Maximilian und ich dem vielfachen Wunsch eines einzelnen Verlegers, meinem Sohn Ralf-Dieter, nach einem zweiten Spätwerk nicht widerstehen können. Wir machen weiter und bereiten im bewährten Team von Opa und Enkel nun auch das ***Internet*** so auf, dass es für Senioren verständlich wird.

Ich experimentiere allerdings manchmal auch allein im Internet, so wie es unsere Leser vermutlich auch tun werden. Mein Enkel muss mir dabei nicht mehr dauernd über die Schulter schauen. Er hilft mir, neue Gebiete aufzubereiten und hat jetzt eine Art Beraterfunktion ... Er lässt mich probieren und greift ein, wenn sein Opa Fehler gemacht hat und nicht mehr weiter weiß. Wir sind inzwischen auch durch E-Mail miteinander verbunden. Ich kopiere die Seite, auf der ich hängen geblieben bin, und schicke sie dem Enkel auf seinen Computer. Er löst das Problem und sendet mir den Tipp, wie ich an mein Ziel kommen kann, zurück.

Und jetzt viel Spaß bei unserer zweiten Expedition ins Neuland Internet.

Der große Erfolg des ersten Bands hat uns völlig überrascht – und gefreut.

Das Echo auf „Opa – das kannst du auch!“

Offenbar war unser Buch lesenswert, denn kurz nach Erscheinen im Herbst 2006 rief als Erster der Chefredakteur von ***HÖRZU*** an und versprach, etwas darüber zu bringen.

Danach kam der Durchbruch mit dem Interview in der Sonntagsausgabe des ***Hamburger Abendblatts.*** In großer Aufmachung füllten wir zwei Seiten mit Text und Großaufnahme von Opa und Enkel. Der Redakteur teilte in einer E-Mail mit, er habe eine Anfrage aus Florida erhalten, wo man das Buch kaufen könne.

Ein Kamerad, mit dem ich zusammen Dozent gewesen war, rief an und sagte, der Titel sei doch die Idee des Jahres.

UNSER DANKESCHÖN …

… gilt vor allem Maximilians Omi, die geduldig ertragen hat, dass wir sie bei der Arbeit am PC oft vernachlässigen mussten.
Wir danken aber auch den Lesern und Journalisten, die unser Buch weiterempfohlen haben, sodass es für viele Senioren ein lehrreicher Lesespaß werden konnte.

Maximilian hat seiner Freundin das Buch geschenkt. Deren Oma bestätigte, dass sie jetzt endlich verstehen könne, was da über den Computer stünde. Die Freundin selber interessierten mehr die Bilder von Maxi …

Mein Freund, der Konsul von Kroatien, fragte an, wo er das Buch bestellen könne. So war unser Werk zu Weihnachten schon auf dem Balkan.

Am 15. Januar erschien ich in ***Bild der Frau*** als Mensch der Woche unter dem Titel *Hans-Dieter (83) und sein Enkel Maximilian (16) erklären die PC-Welt.*

Im ersten Halbjahr 2007 ist unser Buch bei ***Computer Bild*** in der Liste der meistgekauften Computerbücher mehrfach auf Platz eins.

Am 7. März brachte die ***Hamburger Morgenpost*** unter dem Titel *Hans, der Computer-Opa* eine ganze Seite über unser Buch.

Danach meldeten sich fünf weitere Journalisten und baten um Interviews beziehungsweise Filmaufnahmen.

Besonders gefreut haben wir uns auch über diese E-Mail:

Hallo Opa, hallo Enkel,
gestern habe ich das Buch gekauft und bin begeistert! Es wird alles einfach und exzellent beschrieben und erklärt.
Herzlichen Glückwunsch!
Wolfgang Hetzel (66 J.)

Das alles hat uns ermutigt, noch einmal etwas für unsere Senioren zu schreiben. Wir hoffen nach diesem Echo, dass unser neues Computerbuch wieder ein leicht verständlicher Wegweiser in das verwirrende Neuland des Internets für Omas und Opas geworden ist. Übrigens: Unter der Adresse *www.brunowsky.de* zeichnet der Opa seine Erlebnisse mit den Büchern täglich auf. Mitmachen ist erwünscht!

Viel Spaß beim Lesen wünschen Ihnen die beiden Autoren!

Geduld und Harmonie zwischen Opa und Enkel war Voraussetzung für das Gelingen der Arbeit. Vielleicht gibt unser Buch auch Anstoß dazu, zusammen mit der jeweils anderen Generation das Internet zu erforschen.

SCHNELLER IST BESSER

Lassen Sie sich beim Zugang zum Internet von einem Fachmann beraten. Ein DSL-Anschluss ist mindestens 30-mal schneller als ein ISDN-Anschluss.

Die ersten Schritte

DSL-Anschluss

Natürlich haben wir für unsere Studien einen ***DSL***-Anschluss von T-Online im Hause. Konservativ, wie ich bin, lasse ich mich auch durch schöne Beine oder blaue Augen auf Prospekten nicht zu einem noch preiswerteren DSL-Anschluss anderer Anbieter verführen.

Maximilian gratuliert mir zu DSL, denn damit sind wir mindestens 30-mal schneller als mit einem ***ISDN***-Anschluss, mit dem man auch ins Internet kann. Zwar habe ich eigentlich Zeit genug im Ruhestand. Damals, mit ISDN, habe ich jedoch oft endlos lange gewartet, bis auf dem Bildschirm etwas passierte. Die Umstellung von ISDN auf DSL habe ich allerdings meinen EDV-Experten in der Familie überlassen. Das müssen wir Senioren nicht mehr können!

Maximilian meinte: „Opa, du musst dir eins zum Grundsatz machen: Immer nur das lernen, was du öfter anwenden willst. Dabei bleiben deine grauen Zellen frisch, und in der Familie laufen genügend Fachleute herum, die dir alles betriebsbereit einrichten können.“ Notfalls kann man ja auch einen Studenten anheuern, der einem hilft.

Zu Beginn müssen wir mit einem Doppelklick auf das DSL-Symbol (siehe roter Kreis rechts oben) die Herstellung der Verbindung zum Internet veranlassen.

Es erscheint daraufhin ein Dialogfenster. Sicherheitshalber frage ich meinen Enkel, was das mit dem Benutzernamen

Diese lange Zahlenkombination brauchen Sie nicht jedes Mal neu einzugeben, T-Online speichert die Zahl für Sie.

und dem Kennwort auf sich hat. „Opa, das kannst du alles vergessen, wenn es jemand beim Installieren des DSL-Anschlusses eingegeben hat. Mit dem Häkchen im Kästchen hast du diesen Zahlenwirrwarr gespeichert. Quäle dich nicht mit unnötigem Ballast. Klick einfach auf ***Verbinden*** und gehe gelassen ins Netz", war die Antwort.

Microsoft Outlook Express

Mein Schwiegersohn hat mir mit ***Outlook Express*** ein Windows-Programm auf meinen PC geladen, mit dem man E-Mails senden und empfangen kann. Ich befolge Maxis Rat und lasse mir von diesem Experten gleich eine E-Mail-Adresse einrichten. Ich muss nicht lernen, wie man das macht, sondern nur, wie man nachher mit dieser Adresse arbeitet …

Das Outlook-Fenster ist in schlichten Farben gehalten und sieht schon mal ganz gut aus. Man muss nicht lange überlegen, um es zu verstehen. Maximilian empfiehlt mir, alles über E-Mails in unserem ersten Opa-Buch auf den Seiten 99 bis 107

Outlook Express ist das meistverwendete E-Mail-Programm unter Windows.

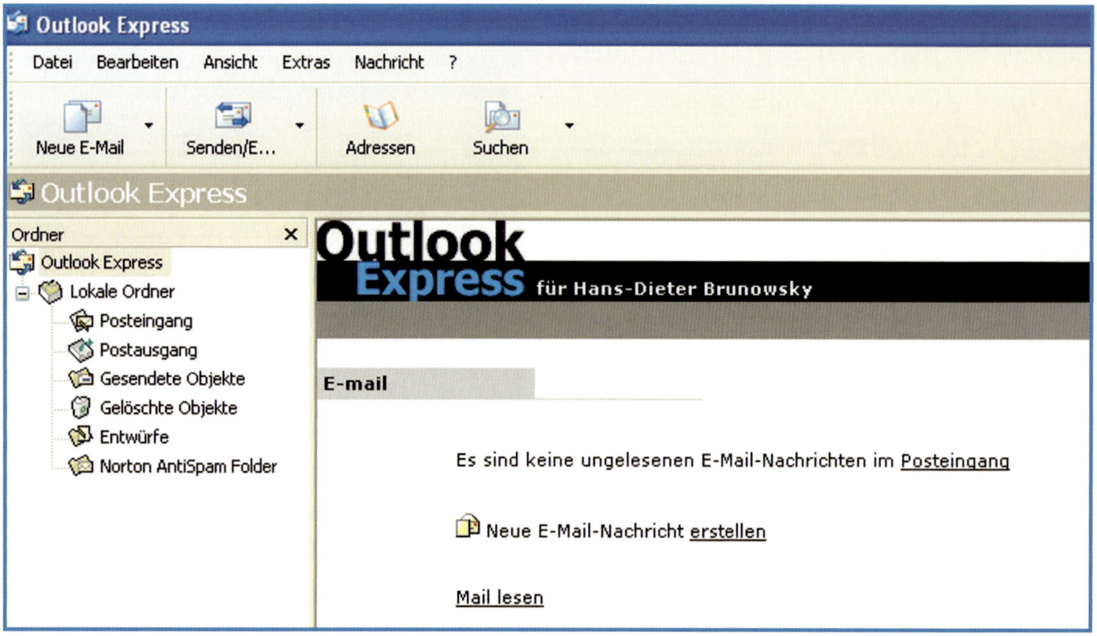

nachzulesen, falls ich etwas zu diesem Thema vergessen haben sollte: „Das brauchen wir unseren Lesern ja nicht noch einmal zu verklickern. Beim Nachschlagen in Büchern seid ihr ja sowieso besser als wir jungen Leute…“

Mein Schwiegersohn hat dem Programm sogar gesagt, wie ich heiße. Das motiviert schon mal sehr, wenn man mit seinem Namen begrüßt wird. Es schafft ein gewisses Vertrauensverhältnis zwischen mir und meinem Computer. Bekanntlich hören wir älteren Menschen ja zwei Dinge besonders gern:

AUFFRISCHUNG

Outlook und Outlook Express sind benutzerfreundliche Programme aus dem Paket Microsoft Office. Sie dienen dem E-Mail-Verkehr und speichern alle eingehenden und gesendeten E-Mails in übersichtlichen Ordnern. Auch das Adressbuch ist nützlich.

1. Eine Meinungsäußerung anderer, die genau unserer Meinung entspricht. Solche Leute könnte ich umarmen!

2. Unseren Namen, wenn er richtig ausgesprochen wird. Ärgerlich nur, wenn jemand statt *Brunowsky, Herr Brusofski* sagt. Das nervt!

Online und offline

Maximilian hat mir dazu verholfen, dass ich jetzt mit Millionen von Computern in einem weltweiten Netz verbunden bin. Man weiß zwar am Anfang nicht, was man damit soll, aber man bekommt als Senior das Gefühl, endlich auf der Höhe der Zeit zu sein. Unsere Enkel finden das „echt cool“, und wir werden nun begreifen, was die Jugend am Internet so begeistert.

Das Symbol des Internet Explorers lässt sich auch auf der Leiste am unteren Bildschirmrand anklicken.

„Du musst jetzt nur noch auf das ***Internet***-Symbol klicken, um im Netz zu arbeiten. Dadurch wird ein Programm gestartet, das Internetseiten anzeigen kann – ein sogenannter ***Browser.*** Der meistverwendete ***Browser*** ist der ***Internet Explorer,*** der Bestandteil des Windows-Betriebssystems ist.“

„Die Verbindung ins Internet kostet normalerweise irgendwelche Cents pro Minute. Dann lohnt es sich, den Anschluss nur einzuschalten, wenn man etwas empfangen oder senden will. Man nennt das dann ***online*** sein. Arbeitest du nur mit dem Rechner ohne Verbindung nach draußen, dann bist du ***offline*** und zahlst keine Gebühren“, erklärt mir Maxi. Nun haben wir aber beim Einrichten des DSL-Anschlusses mit der Firma T-Online eine feste monatliche Gebühr abgeschlossen und können 24 Stunden am Tag ohne Mehrkosten ***online*** sein. Man sagt dazu auch ***Flatrate,*** obwohl die Gebühren nicht flach, sondern gleichmäßig sind. Es spielt keine Rolle mehr, ob die Verbindung bestehen bleibt, obwohl wir nicht im Netz arbeiten.

Der Explorer ist nicht zu verwechseln mit dem Internet Explorer.

„So kannst du immer gleich online gehen, wenn du deinen ***PC*** (Personal Computer) einschaltest und später zwischen den Programmen hin und her wechseln. Klickst du auf ***Word,*** öffnet sich das Fenster zum Briefeschreiben, klickst du auf ***Explorer,*** dann kannst du deine Daten im Archiv verwalten. Willst du wissen, was es in der Welt gibt, ein Buch bestellen oder eine Urlaubsreise buchen, dann gehst du mit dem ***Browser*** ins Internet. Und möchtest du E-Mails senden oder empfangen, dann wählst du das Symbol für das Programm ***Outlook Express.***“

Alle meine Bekannten habe ich mittlerweile im Adressbuch gespeichert, und die Post sieht mit ihren Portoerhöhungen bei mir in Zukunft alt aus.

Eine Adresse wählen

„Opa, wollen wir mal sehen, was auf so einer Internetseite für Möglichkeiten angeboten werden? Das Erste, was du wissen

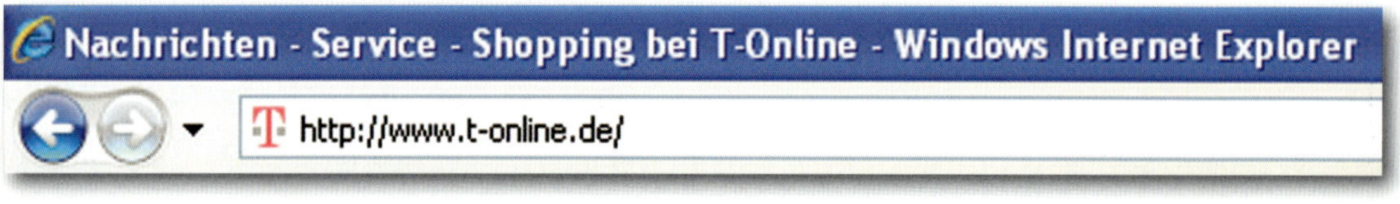

www.

musst, ist, wie eine Adresse im Internet aussieht. Geben wir mal die Adresse *http://www.t-online.de* ein. Warum diese mit ***http*** anfängt, braucht dich nicht zu jucken. Das ist eben so! ***www*** steht für ***World Wide Web*** oder weltweites Netz, wenn du Deutsch bevorzugst. Das ***de*** hinter dem Punkt am Adressen-Ende zeigt dir, dass es eine deutsche Adresse ist.

Der Witz ist nun, dass es diesen Namen nur ein einziges Mal weltweit gibt. Man nennt so einen Namen auch eine ***Domain*** und die dazugehörende Seite eine ***Homepage,*** also eine Art Heimatseite.

Der erste Weg, eine bestimmte Seite zu finden, ist also das Eintippen einer bekannten Adresse in das Feld, wo jetzt ***http://www.t-online.de*** steht. Wenn du das Feld anklickst, wird es blau. Mach noch einen Klick rechts daneben. Die Adresse wird wieder schwarz-weiß und hat einen ***Cursor-***Strich dahinter. Mit der ***Rückschritt-***Taste kannst du von hinten den Namen Schritt für Schritt löschen, bis noch ***http://www.*** stehen geblieben ist. Nun schreibst du die restlichen Worte der neuen Adresse dahinter und drückst die ***Enter-***Taste. So rufst du eine Seite mit einer dir bekannten Adresse auf.

DOMAINS

Eine Domain ist ein kostenpflichtig verwalteter Name einer Seite im Internet. Er wird registriert und darf nur einmal vorkommen. Die Endung hinter dem Punkt gibt Auskunft darüber, in welchem Land die jeweilige Seite registriert ist.

Es gibt leider kein Telefonbuch, in dem du diese Adressen finden kannst. Aber in jedem Prospekt, Katalog oder Firmenbrief wirst du eine Homepage-Adresse finden. Du kannst sie leicht von einer E-Mail-Adresse unterscheiden, weil die immer das Zeichen @ im Namen hat, während Domains meist mit ***www.*** anfangen.“

Seit dieser Unterrichtsstunde bemerke ich, wo auch immer ich gehe oder fahre, überall solche Adressen. Auf nahezu jedem Plakat, auf vielen Firmenwagen, in den meisten Prospekten, ja sogar auf Alltagsgegenständen wie Kaffeebechern sind sie zu lesen. Manche kann man sich leicht merken, wenn sie zum Beispiel aus einem bekannten Markennamen bestehen, vor dem das ***www.*** und dahinter das ***.de*** steht. Es wird viel Geld ausgegeben, um so einen einprägsamen Internetnamen zu ergattern. Eben weil es ihn nur einmal auf der Welt geben kann, damit er sich eindeutig im Netz identifizieren lässt. Aber nun muss mir mein Enkel erklären, wie ich eine Seite finde, von der ich die Adresse nicht kenne.

Adressen finden mit der Suchmaschine

„Das ist eine ganz leichte Übung, Opa: Ich zeig dir mal, wie bequem du etwas finden kannst, ohne die Internetadresse zu kennen. Klick oben einmal in die Adresszeile. Wenn sie blau wird, klickst du nochmals neben die Adresse, wonach diese wieder schwarz auf weiß wird.“ Ich bemerke lächelnd, dass ich das ja schon gelernt habe. „Macht nichts, Wiederholen übt deine grauen Zellen! Tipp auf deine ***Rückschritt-***Taste, und lass einen Buchstaben nach dem anderen verschwinden, bis zum Punkt hinter ***http://www.***

Hier schreibst du nun *google.de* statt *t-online.de* hinein und drückst auf die ***Enter-***Taste. Beobachte, was dann passiert.

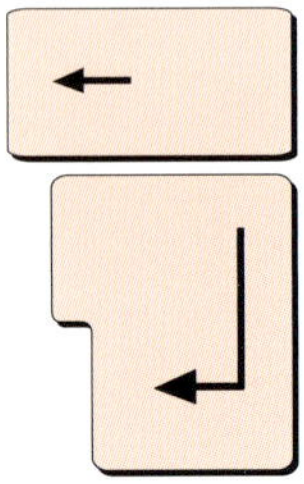

Zur Wiederholung: So sehen Rückschritt- (o.) und Enter-Taste auf der Computer-Tastatur aus.

Die ***Enter-***Taste findest du übrigens rechts neben den Buchstabentasten. Sie hat einen Pfeil nach links mit einem kleinen rechten Winkel nach oben als Symbol. Du brauchst sie, wenn du Verbindung zu einer Adresse im Internet herstellen willst. Drück mal drauf! Dies ist die Adresse einer Suchmaschine, von der ich dir schon mal erzählt habe. Mit deinem Tasten-

druck auf ***Enter*** wird diese Suchroutine dir in deinem Internetfenster zur Verfügung gestellt."

So eine Suchmaschine braucht man, wenn man die Internetadresse nicht weiß und in der Fülle der Angebote eine bestimmte Information sucht. In das Suchfeld kann man einen oder mehrere Begriffe eintragen. Du kannst die ***Google-Suche*** anklicken oder ***Auf gut Glück!*** suchen."

Da ich jetzt kein Anfänger mehr bin, probiere ich mit dem Titel unseres ersten Buchs die beiden Methoden aus. Ich schrei-

Google ist die bekannteste Suchmaschine im Internet. Der Aufstieg zur Nummer eins ist kometenhaft.

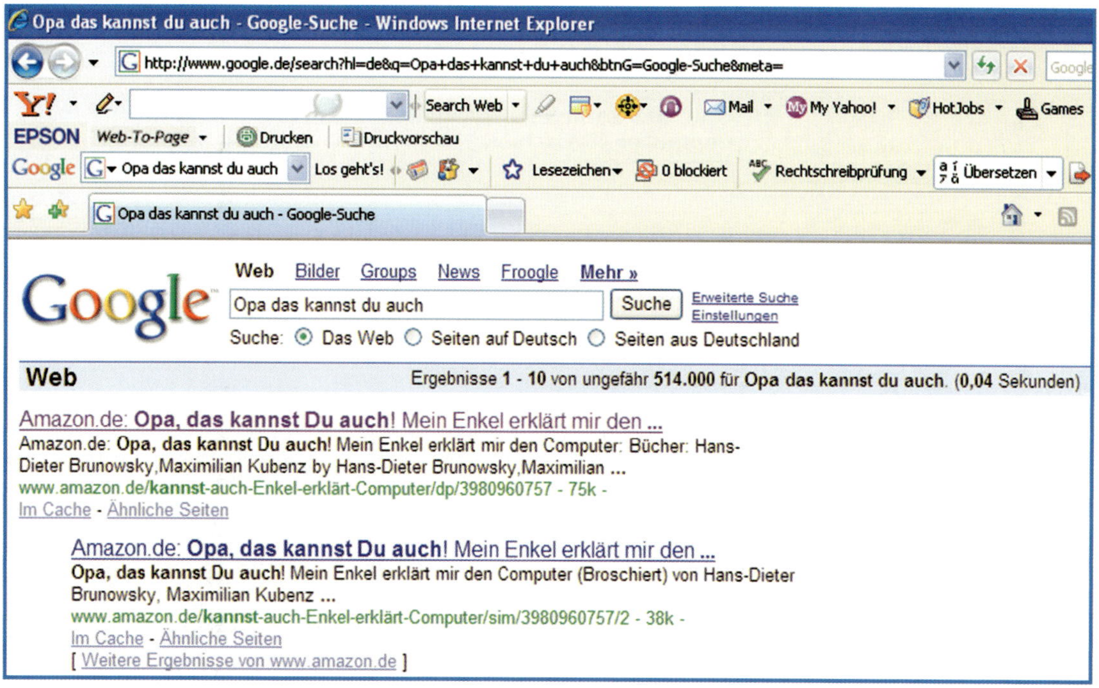

be also den Titel *Opa das kannst du auch* Wort für Wort in die dafür vorgesehene Zeile und klicke zuerst auf ***Google-Suche.*** Es erscheint eine Fülle von angebotenen Seiten zu diesem Titel, von denen ich mir eine aussuchen müsste, um mein Buch zu finden.

Die Nutzung des Vorwärtspfeils (Pfeilspitze rechts) ist nur sinnvoll, wenn man vorher schon zurückgesprungen ist.

„Jetzt kannst du eine blaue Zeile anklicken, um die dazugehörende Seite anzuschauen. Gefällt dir diese Seite nicht, kannst du zurück zur vorherigen Suchliste gelangen, indem du ganz oben links im Fenster auf den linken der zwei Pfeile klickst.

Bei ***Auf gut Glück*** wäre sofort die erste Internetseite zu dieser Anfrage erschienen. So öffnet man ohne zeitraubendes Ansehen von verschiedenen Seiten sofort die erste Seite zum Thema *Opa das kannst du auch* und ist in unserem Fall gleich mit dem Buchversand ***Amazon*** verbunden, bei dem man ein Exemplar in den Einkaufswagen packen kann. Aber man ar-

beitet insofern auf gut Glück, als nicht immer die erste Internetseite zum Thema die richtige sein wird. Da ***Google*** Geld verdienen will, ist es legitim, durch entsprechende Zahlungen seine Internetseite in der Auswahl nach vorne zu rücken. Nicht immer ist deshalb die erste Information auch die beste!

Wenn du nun die Liste der Angebote zu einem Suchwort hinuntergleitest und hier mal klickst und da mal klickst, dann nennt man das ***surfen.*** Und unten kannst du eine der nächsten zehn Seiten mit Angeboten zu deinem Stichwort wählen, bis dir eine Information am meisten zusagt.“

SUCHMASCHINEN

Die bekannteste Suchmaschine ist Google (*www.google.de*). Je mehr Begriffe man ins Suchfeld schreibt, desto wahrscheinlicher findet man die gewünschte Seite. Es gibt auch gute Alternativen zu Google, zum Beispiel MSN (*www.msn.de*), eine Suchmaschine von Microsoft.

Favoriten anlegen

Sag mal Maximilian, muss man eigentlich alle Adressen, die man immer wieder braucht, aufschreiben, um sie nicht jedes Mal neu zu suchen?

„Natürlich nicht, Opa. Dafür gibt es die Möglichkeit, seine Favoriten neben dem Internetfenster aufzulisten. Wenn dir eine Seite gefällt, kannst du sie ohne große Mühe zu den ***Favoriten hinzufügen.*** Wir wollen das mal ausprobieren: Starte mal den Internet Explorer! Auf der unten stehenden Abbildung findest du links in der unteren Ecke zwei gelbe Sterne. Wenn du den linken Stern anklickst, erscheint neben deinem

Gelber Stern: *Liste der Favoriten zeigen.*

Stern mit Plus: *neue Favoriten anlegen.*

Fenster eine Liste deiner ***Favoriten.*** Da steht aber jetzt noch nichts drin. Also müssen wir erst einen Favoriten anlegen. Gib mal zum Üben die Adresse *www.seniorencomputer.de* ein und drück die ***Enter-***Taste. Angenommen, diese tolle Seite, auf der du eine ganze Menge nützlicher Verweise zu den wichtigsten Internetseiten des täglichen Lebens findest, willst du öfter benutzen, dann kannst du sie zu deinen ***Favoriten*** hinzufügen. Klick auf den rechten gelben Stern mit dem grünen Pluszeichen. Es öffnet sich ein ***Menü,*** in dem du die erste Zeile auswählst: ***Zu Favoriten hinzufügen.*** Ab jetzt steht sie immer, wenn du den gelben Stern anklickst, neben deinem Internet-Fenster. Du öffnest diese Seite also zukünftig mit einem Klick auf den Eintrag ***Seniorencomputer*** in den Favoriten.

Natürlich kannst du sie auch wieder entfernen. Klick zuerst auf ***Favoriten verwalten.*** In der darauf erscheinenden Liste deiner Favoriten kannst du auswählen, welcher nicht mehr gebraucht wird. Klick ihn an, geh auf ***Löschen,*** und schon ist der Favorit wieder weg."

Favoriten verwalten: Hier können Seiten angewählt, umbenannt oder gelöscht werden.

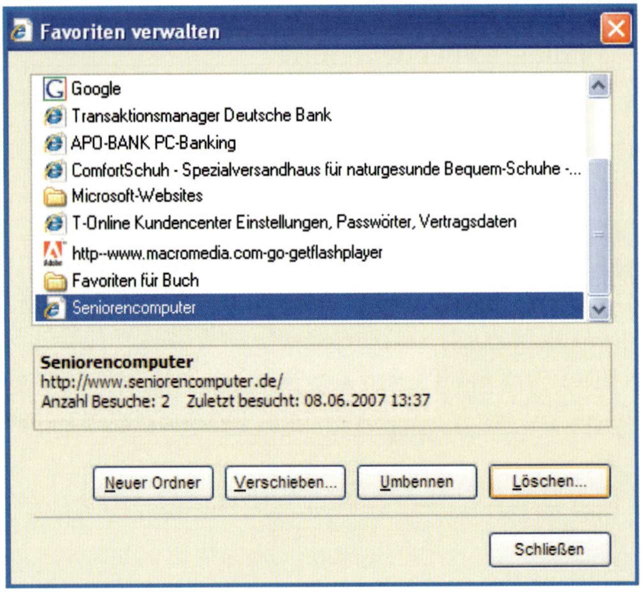

Ich bin ein rationell denkender Zeitgenosse. Dieser Weg, eine interessante Seite festzuhalten, ist höchst einleuchtend. Wieder etwas echt Nützliches dazugelernt, das ich morgen ausprobieren will.

Für mich ist wichtig zu wissen, dass ich eine Seite immer wiederfinden kann, wenn ich sie zuvor zu den ***Favoriten*** hinzugefügt habe.

Über einen Link mit einer Adresse verbunden werden

Auf meine Frage, was ein ***Link*** ist, ernte ich vom großen Meister erst mal nur ein verschmitztes Grinsen. Das ist typisch: Man arbeitet wie selbstverständlich mit Links, weiß auch, was passiert, wenn man sie benutzt, aber hat Schwierigkeiten, sie zu erklären. Also suchen wir bei ***Google*** nach einer brauchbaren Definition, und da steht dann schlicht und einfach:

Ist etwas auf einer Internetseite unterstrichen, deutet dies auf einen anklickbaren Link hin.

Ein Link ist ein anklickbarer Verweis auf eine andere Internetseite.

„Ja, jetzt kann ich dir das auch besser erklären: Auf vielen Internetseiten gibt es Verweise – also ***Links*** – zu anderen Seiten. Ein gutes Beispiel dafür war die eben schon genannte Seite von ***Seniorencomputer.*** Dort wimmelt es nur so von ***Links,*** also Verweisen zu anderen Internetseiten. Sobald man einen davon anklickt, landet man auf der entsprechenden Seite eines anderen Anbieters. Ein ***Link*** kann aber auch zur nächsten Seite eines Angebots führen. Häufig gelangt man mithilfe eines ***Links*** von der Startseite über ein Auswahlmenü zu den Unterpunkten. Dort kann man zum Beispiel mehr über die Produkte erfahren, eine Suche starten oder Kontakt zum Anbieter aufnehmen.

Aber auch in einer E-Mail kann eine komplizierte Internetadresse ein ***Link*** sein, über den der Empfänger eine Seite im Internet durch Anklicken in der Mail öffnen kann. Probieren wir das mal in der E-Mail aus, die du neulich bekommen hast: Klick mal auf diese verwirrende Adresse da unten und beobachte, was passiert!

Das Abschreiben dieses Links würden sicher zu Fehlern führen. Durch Anklicken kann das nicht passieren.

Z Info:
http://cgi.zvab.com/SESSz21238470711169192728/cgi-bin/n_search.cgi?lo=gr2&la
ng=de&mode=detail&uc=de&shp=0&dcurr=EUR&scurr=
-9521964=on&cats=on&noimg
=0&memb_id=30900h&term=brunowsky

Unter dieser verrückten Adresse verbirgt sich das ***Zentrale Verzeichnis Antiquarischer Bücher.*** Die Reiter oben sind nun wiederum ***Links*** zu der Startseite, der Detailsuche, zum Stöbern und so weiter. Und das grüne Feld ***suchen*** verlinkt dich mit Seiten, die deine Suchwörter enthalten.

Übrigens, wenn du in eine E-Mail einen Text schreibst, der wie eine Internetadresse aufgebaut ist, dann wird automatisch ein ***Link*** daraus, der dem Empfänger dadurch angezeigt wird, dass diese Adresse unterstrichen und blau ist. Schreib mal

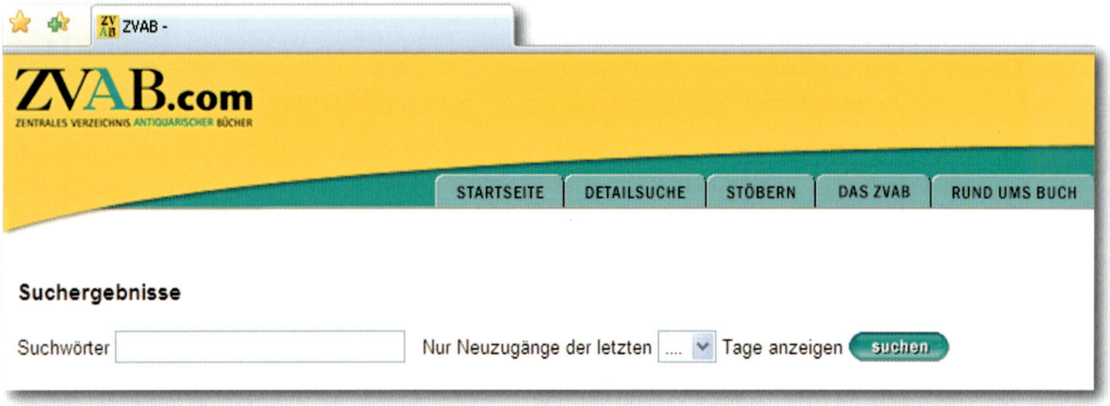

www.t-online.de. In deiner Mail wäre also ein Link, mit dem der Empfänger die Seite von T-Online aufrufen könnte. Auch das gehört zum Thema ***Was ist ein Link?***"

Was ist Downloaden?

Jetzt muss ich mit meinem Enkel einmal klären, was es eigentlich mit dem ***Herunterladen von Dateien*** auf sich hat. Ich weiß zwar, dass sich die jungen Leute heute alles Mögliche ***downloaden,*** um auf ihrem Computer Musik oder Ballerspiele abspulen zu können. Aber ob man sich als Senior wirklich auch etwas Vernünftiges herunterladen kann, ohne sich dabei mit ***Viren*** zu infizieren oder unkontrolliert Geld vom Konto abgebucht zu bekommen, da habe ich doch meine Bedenken. „Natürlich musst du ein ***Virenschutzprogramm*** haben, und das kannst du dir als Privatperson sogar kostenlos ***downloaden.***

Aber wir wollen das Herunterladen erst einmal mit einem anderen Programm ausprobieren, das sehr unterhaltsam ist. Ich schlage für diesen Test ***Google Earth*** vor. Dieses Programm vom gleichnamigen Suchmaschinenbetreiber ***Google*** bietet unter anderem an, eine normale Straßenkarte für den Weg zwischen zwei Orten auszudrucken. Das interessiert dich sicher mehr als meine Computerspiele." Wo er recht hat, hat er recht!

VIRENSCHUTZ

Ein Virenschutzprogramm ist heute unverzichtbar. Es gibt für private Benutzer die Möglichkeit, sich z.B. die Software Avira AntiVir PE Classic kostenlos herunterzuladen. Sie hält sich durch Updates ständig auf dem neuesten Stand. So schützt man seinen PC vor unerwünschten Angriffen auf die Dateien.

„Also, als ersten Schritt das Suchwort *Google Earth* in die Suchmaschine ***Google*** eingeben und den Link ***Auf gut Glück*** anklicken. Es erscheint das unten stehende Bild, auf dem uns

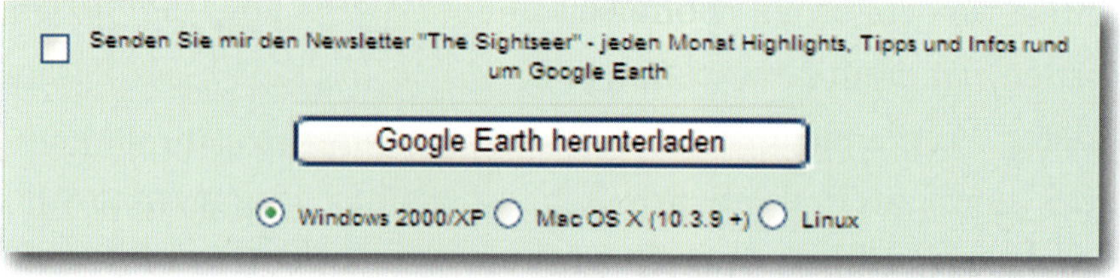

rechts der Link ***Download Google Earth*** angeboten wird. Kostet nichts, also probieren wir den Link aus. Na bitte, schon mit dem dritten Schritt stehen wir kurz vor dem Herunterladen des Programms. Oben das Kästchen ignorieren wir, denn da wird eine elektronische Zeitschrift – genannt ***Newsletter*** – angeboten, die man nur schwer wieder loswird. Das ist die moderne Form

Wir mussten klicken, um zu starten – die Automatik funktionierte nicht …

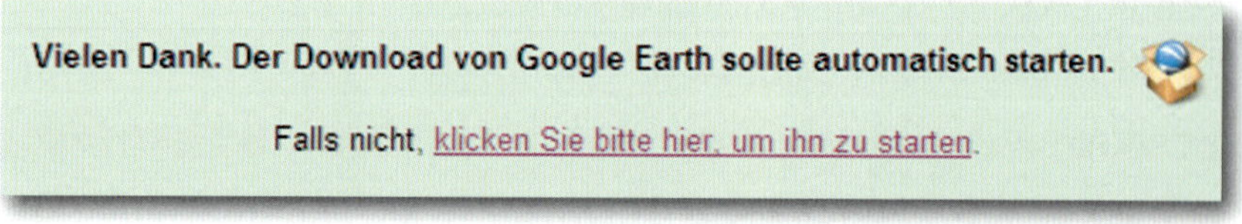

lästiger Werbeprospekte … Aber der Punkt vor ***Windows 2000/XP*** ist wichtig, denn das ist dein Betriebssystem. Der muss angewählt sein. Jetzt klick auf ***Google Earth herunterladen.***"

Offenbar startet der Download bei uns nicht automatisch, aber der nächste Link ist ja zum Glück für diesen Fall vorgesehen. „Klick mal auf die unterstrichenen Worte, die uns mit dem nächsten Schritt verbinden sollen!" Wir werden noch gefragt, ob wir die komplette Software laden wollen, oder nur Teile davon. „Speicherplatz hast du zum Glück genug, und mit der anderen Version kenne ich mich nicht aus. Also wählen wir natürlich ***Vollständig*** und klicken dann auf ***Weiter.***

Und so folgst du jetzt allen weiteren Befehlen, bis der Dialog dir sagt: ***Google Earth ist jetzt installiert.***"

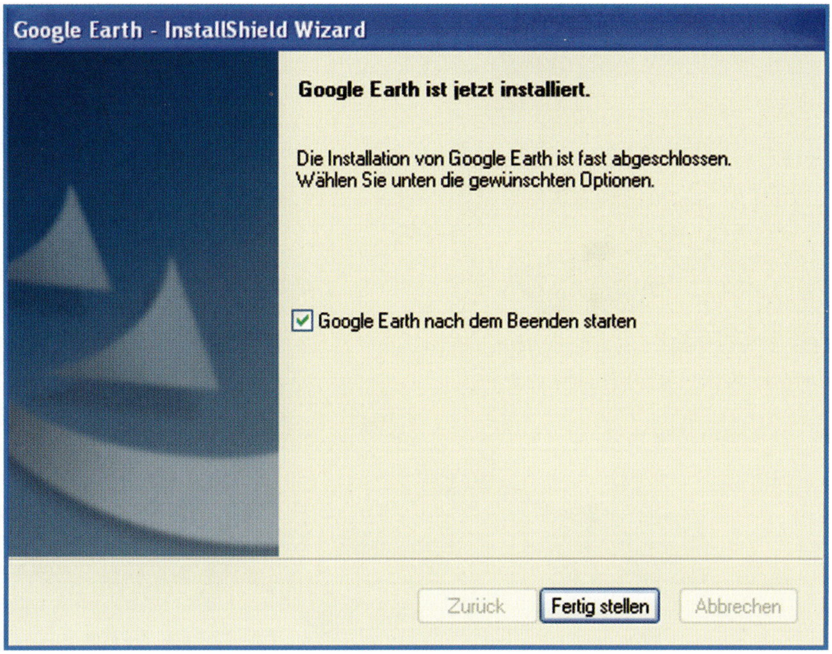

Jetzt wandert automatisch ein Symbol einer Erdkugel auf den Desktop, mit der man Google Earth starten kann.

„Das Programm erscheint auf deinem elektronischen Schreibtisch als ein kleiner Globus, mit dem du es jederzeit per Doppelklick aufrufen kannst. Im Prinzip ist also das Herunterladen eine feine Sache. Aber du darfst es nur tun, wenn eine ***Firewall*** oder ein ***Anti-Virus-Programm*** sicherstellt, dass dir keine Computerviren mit heruntergeladen werden können. Denn die kommen meist huckepack mit irgendwelchen harmlosen Programmen, die man genau auf diese Weise downloadet.

FIREWALL

Das Wort steht für eine Art von Schutzprogrammen, die das unberechtigte Eindringen in den eigenen Computer übers Internet unterbinden. Das sind zum Teil recht teure Software-Pakete, die der private Nutzer bei etwas Vorsicht nicht braucht. Uns reicht ein kostenloses Virenschutzprogramm.

Grundregel bleibt: Niemals ohne ***Virenschutz*** im Internet arbeiten. Schon beim Einrichten des Arbeitsplatzes vom Fachmann einen solchen installieren lassen, der sich mit automatischen Aktualisierungen auf dem letzten Stand hält. Und keine Anhänge von E-Mails unbekannter Absender öffnen! Dann kann eigentlich nichts passieren.

RUND UM DIE UHR EINKAUFEN

Wir können jetzt weltweit Preise vergleichen und Waren oder Dienstleistungen bestellen.

Im Internet kann man alles einkaufen

... und Preise vergleichen

Es ist für Senioren schon sehr hilfreich, sich Waren ins Haus bestellen zu können – besonders, wenn es sich um solch „lebenswichtige" handelt.

„So Opa, jetzt kannst du in ganz Deutschland oder später auch in der ganzen Welt Preise vergleichen und Waren bestellen. Natürlich wirst du deshalb nicht gleich auf den gewohnten Spaziergang zum Markt verzichten. Aber für Leute, die weniger gut auf den Beinen sind als du, ist es schon eine Hilfe, sich etwas ins Haus liefern zu lassen. Du bist ja noch fit wie ein Turnschuh, aber es kann die Zeit kommen, wo du froh bist, den Kasten Bier nicht mehr die Treppe hochwuchten zu müssen ..."

Allround-Anbieter:
www.online-shoppen.com
www.otto.de
www.quelle.de

Bücher:
www.amazon.de
www.thalia.de
www.buecher.de

Elektronik-Geräte:
www.conrad.de
www.mediaonline.de

Haushaltswaren:
www.top-haushaltwaren.com
www.boerner-germany.com

Lebensmittel
www.bofrost.de
www.gourmondo.de
www.lila-se.de

Textilien:
www.bader.de
www.kik-textilien.com

Versandhausübersicht
www.versandhaus-top-50.de
www.eshopinfo.net

Auf den Gedanken, dass dann meine Enkel Bier für mich holen werden, kommt er natürlich nicht. Aber noch brauche ich die jungen Herren für so etwas nicht zu inkommodieren.

Schauen wir mal, was man so alles einkaufen kann im Internet. Damit ich nicht gleich die Suchmaschine zu bemühen brauche, schicke ich Maximilian eine E-Mail mit der Bitte, nach Shopping-Adressen im Netz zu suchen.

Mein Enkel schickt mir eine recht brauchbare Liste. Aus geweckter Neugier schaue ich mal in der Suchmaschine nach und finde heraus, dass es zum Stichwort *Versandhaus* über 233.000 Einträge gibt. Um dort etwas zu finden, muss man schon genauer sagen, was in etwa man kaufen will – oder man hat sehr viel Zeit und Muße… Als Ordnung liebender Senior, fange ich natürlich oben in Maxis Liste an und gebe *www.online-shoppen.com* in die Adresszeile meines ***Browsers*** ein. Es erscheint ein mäßig buntes Angebot. In der Mitte wandern lau-

Dies ist ein Beispiel vom schier unendlichen Angebot an Internet-Einkaufsseiten.

ter Dinge, die ich nicht brauche – wie bei Rudi Carrells Show *Am laufenden Band* – in langsamem Tempo über meinen Bildschirm. Unwillkürlich versuche ich, wie damals im Fernsehen, mir die Gegenstände zu merken. Aber es nimmt kein Ende. Mit der Firmenbezeichnung ***Christines Onlineshop*** hat sich ein moderner Designer auf einer anderen Einkaufsseite selbst verwirklicht. Es ist für meine Generation gewöhnungsbedürftig, Schriftzüge in solch verzerrter Darstellung zu betrachten, aber immerhin ist der Name eine Zeile tiefer gut lesbar.

Ich klicke ziellos auf eine Warengruppe links im Angebot, denn so richtig lesen kann ich die kleine Schrift ohne Vergrößerungsglas nicht. Es erscheinen Pfannen, die man durch Klicken am rechten Fensterrand auf- und abwandern lassen kann. Ich klicke auf ***Details & Bestellung,*** und jetzt bekomme ich ein schönes großes Foto von dem gewählten Objekt.

Wenn man auf dieser Seite ***bestellen*** anklickt, passiert noch nichts Gefährliches. Man kann die Pfanne erst mal in einen Warenkorb legen und schauen, ob man noch etwas Weiteres einkaufen möchte. Da ich aber noch in der Testphase bin, wähle ich an dieser Stelle lieber ***Abbrechen.***

Immerhin hat es Spaß gemacht, in ***Christines Onlineshop*** zu stöbern. Vor allem, wenn man Geschenke sucht, wird man hier bestimmt was Passendes finden. Gelernt habe ich dabei das Grundprinzip jeden Einkaufs im Internet: Man ruft eine Startseite auf, macht einen

Klick auf eine Warengruppe und wird durch Bildschirmscrollen an Bildern der Artikel vorbeigeleitet, bis man irgendwo auf Bestellen drückt und das Gefundene in einen Einkaufswagen packt, bevor man zur Kasse geht. Aber schauen wir uns ruhig noch ein paar andere Startseiten an. Das alles kann ich ohne meinen Enkel allein machen, so einfach geht das.

Ich probiere es jetzt mit einer Übersicht über die Versandhäuser. Ist doch seltsam, denke ich, dass links eine neutrale Übersicht die Wahl eines Artikels ermöglichen hilft, während

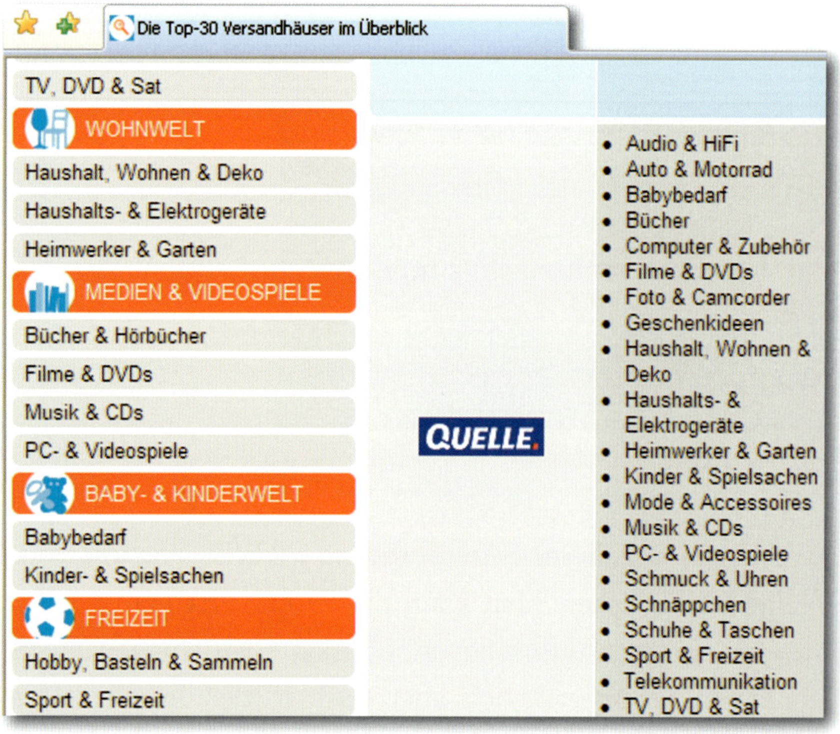

Geschickt platzierte Werbung: Warum lange suchen, wenn man bei Quelle alles findet?

rechts daneben zu sehen ist, dass man das alles ja auch bei ***Quelle*** bekommt? Ich brauche meinen Oberexperten nicht zu fragen, so sonnenklar ist mir, dass dies bezahlte Werbung sein muss. Man kann also zum Beispiel ***Haushalts- & Elektrogeräte*** links anklicken und bekommt dann eine Reihe von Verweisen zu anderen Anbietern. Aber natürlich wird man verführt, nicht lange zu suchen, sondern gleich ***Quelle*** anzuklicken und dort zu bestellen. Gutes Marketing offenbar von den Leuten bei ***Quelle.***

Ich schaue mir die Startseite von ***Media Markt*** an, obwohl ich die Fernsehwerbung von denen manchmal saublöd finde. Aber das sprechende Ferkel in den Werbespots fällt mir immer wieder ein, wenn ich es aus den Resten meiner grauen Zellen löschen will. Mal sehen, wie bei denen die Startseite aussieht?

Bei Media Markt ist alles saubillig, wie man aus der Werbung weiß.

www.mediamarkt.de

Also im Prinzip immer das Gleiche: eine schöne bunte Palette der Produkte. Suchbegriff eingeben, ***Suchen*** klicken und sich verführen lassen.

Neckermann macht's möglich – auch im Internet.

Neu ist hier beim Suchfeld das Angebot, eine Bestellnummer im Katalog zu finden und sie ins Internet zur Abwicklung der Bestellung einzusetzen. Da brauchen Oma und Opa nicht auf das Blättern im gewohnten Bilderbuch zu verzichten und

können doch online bestellen, was ja die Fahrtkosten für die S-Bahn in die Innenstadt spart.

Zum Bezahlen noch ein Rat aus eigener Erfahrung: Möglichst immer mit ***Bankeinzug*** oder ***Kreditkarte*** bezahlen. Wenn dann ohne Gegenleistung etwas abgebucht wird, kann man das erfolgreich reklamieren. Bei ***Vorkasse*** oder ***Nachnahme*** ist es schwer, sich gegen Betrug zu schützen, weil erst einmal das Geld weg ist, bevor man gar keine, falsche oder minderwertige Ware erhält.

Gerade im Internet begegnen einem diese Symbole bekannter Kreditkartengesellschaften.

Wichtig: Nur Kreditkarten- und Bankdaten eingeben, wenn die Seite verschlüsselt ist. Das erkennt man an einem kleinen Schloss in der Adresszeile.

Schauen wir uns den Einkauf von Lebensmitteln im Internet an. Maximilian hat eine tolle Idee, wie ich mal an einem konkreten Beispiel das Einkaufen im Internet üben kann: „Sag mal, Oma benutzt doch immer eine ganz bestimmte Brühe. Weißt du, wie die genau heißt?“ Ich muss zugeben, dass ich keine Ahnung habe. Wir müssen nachfragen und erfahren, dass es sich seit Jahr und Tag um ein Produkt der Firma ***Wela-Suppen*** handelt.

Dieses Symbol signalisiert, dass die Verbindung verschlüsselt, also „abhörsicher“ ist.

„Jetzt üben wir mal, wie du für Oma Brühe im Internet bestellst: Gib mal auf Verdacht *www.wela-suppen.de* als Internet-Adresse ein!“ Ich pariere sofort.

„Es funktioniert, du bist schon auf der Startseite.“ Ein Menü am linken Rand hält einige Navigations-Vorschläge für uns bereit. Doch auch am unteren Rand steht etwas. „Klick mal unten auf ***Produktsuche!***“ Im darauffolgenden Dialog gibst du *Gemüsebouillon* ein und klickst auf ***suchen!***“

Halt stopp! Das geht mir jetzt etwas zu schnell. Ich weiß zwar, dass ich nicht alles verstehen muss, um trotzdem zum gewünschten Ziel zu kommen. Aber jetzt möchte ich doch gern wissen, was das mit dem ***ODER*** und dem ***UND*** unter dem Eingabefeld auf sich hat.

Maxi freut sich über so viel Neugierde: „Wenn ***ODER*** angewählt ist, wird bei Eingabe mehrerer Begriffe alles gefunden, was zu einem dieser Stichwörter passt. Bei ***UND*** müssen immer alle Suchbegriffe gefunden werden, was meist zu weniger, dafür aber genaueren Fundstellen führt."

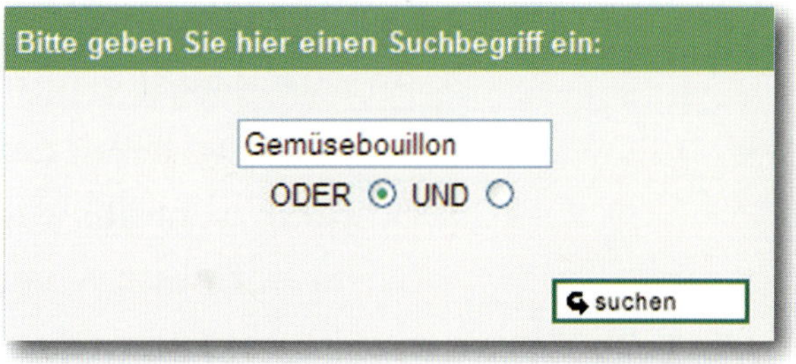

UND und ODER grenzen die Suche ein oder erweitern sie.

Bald haben wir ein Bild von einer Dose gefunden, die so aussieht, wie die bei uns im Küchenschrank und durch Draufklicken eine vergrößerte Darstellung des Objekts der Begierde angezeigt bekommen. „Jetzt klicken wir mutig auf ***bestellen,*** denn solange die nicht wissen, wie wir bezahlen, wird die Bestellung noch nicht ausgeführt, Opa!"

Der erste Versuch, zu bestellen, scheitert. Ich lese das Kleingedruckte und merke, dass die Bestellung erst ab 15 Euro möglich ist. Also setze ich in das Feld ***Anzahl*** eine *2* ein und klicke

auf ***zurück.*** Aus der *2* wird eine *1* – das bringt einen doch zur Verzweiflung!

„Opa, du musst nicht auf ***zurück*** sondern auf ***aktualisieren*** klicken, wenn du was ändern willst!“ Ich wische mir ein paar Schweißtropfen von der Stirn, aber nachdem ich noch meine Kontonummer für den Bankeinzug in ein Feld eingegeben habe, kann ich die Bestellung abschicken.

Obwohl ich für das Einkaufen im Internet noch einen Berater gebraucht habe, muss ich zusammenfassend urteilen: Das Shoppen im Netz ist auch für unsere Generation absolut verständlich eingerichtet. Also leicht zu lernen!

Bei Amazon findet man über eineinhalb Millionen Buchtitel.

Buchbestellung bei Amazon

Im Prinzip läuft eine Buchbestellung bei ***Amazon*** oder einem anderen Bücherversand genauso ab, wie das Einkaufen anderer Artikel im Internet. Ich gebe *www.amazon.de* oben als Adresse ein und drücke die ***Enter-***Taste. Es erscheint eine Startseite. Ist mein Name noch nicht bekannt, dann muss ich mich mit ein paar Formalitäten anmelden. Ganz wichtig ist, dass ich eine E-Mail-Adresse habe. Damit erkennt mich ***Amazon*** künftig.

Da ich neu bin, habe ich noch kein ***Passwort.*** Also klicke ich an, dass ich ein neuer Kunde bin, und lasse mich über den Sicherheitsserver weiterleiten.

Ich schreibe also *Hans-Dieter Brunowsky* und darunter meine E-Mail-Adresse in die dafür vorgesehenen Kästchen – wie in einem Formular. Jetzt muss ich ein Passwort wählen. Das soll leicht zu behalten und schwer zu entschlüsseln sein. Mir fällt eine Warnung aus dem Fernsehen ein: Da hat doch jemand den Einfall gehabt, als Passwort *123456* einzugeben. Der muss sich nicht wundern, wenn der erstbeste Hacker sein Bankkonto plündert. Beliebt, aber natürlich ebenso leicht zu knacken sind Passworte wie *Baby* oder *Schatzi.*

PASSWÖRTER

Ich muss durch einen Code sicherstellen, dass niemand sonst unter meinem Namen bestellen kann. Zu einfache Passwörter können von Unbefugten geknackt werden. Am sichersten sind Worte mit eingebauten Ziffern.

Mir graust davor, für jede Einkaufsseite ein neues Passwort zu erfinden und sie alle in der Schreibtischschublade auf Zetteln suchen zu müssen. Also muss ein Passwort her, das man sich merken kann, das aber genügend selten ist, um es immer und überall verwenden zu können. Je öfter man es verwendet, desto leichter lernen wir Alten unseren Code. So kann man auch behalten, wo man eine Zahl zwischen die Buchstaben gemogelt hat, um die Hacker zu verwirren. Zu lesen ist das ***Passwort*** im PC niemals. Stattdessen sieht man bei der Eingabe nur große schwarze Punkte für jedes Zeichen, wenn man seinen Code eingibt.

•••••••••

Passwörter werden nie angezeigt, während man sie eintippt. Das beugt dem Ausspähen über die Schulter vor.

Bin ich angemeldet, dann gibt es ***Mein Konto,*** das ich rechts oben zwischen vier anderen Möglichkeiten anklicken kann. Jeder Kunde wird bei ***Amazon*** mit seinen Kaufgewohnheiten und persönlichen Daten verwaltet. Ich begreife zwar nicht, woher die wissen können, dass ich es bin, der ihre Startseite aufgerufen hat, aber ich werde von Amazon immer gleich mit *Hans-Dieter* begrüßt. Der Vorname ist zwar eine gewöhnungsbedürftige Anrede für mich, aber wenigstens werde ich von meinem PC nicht geduzt!

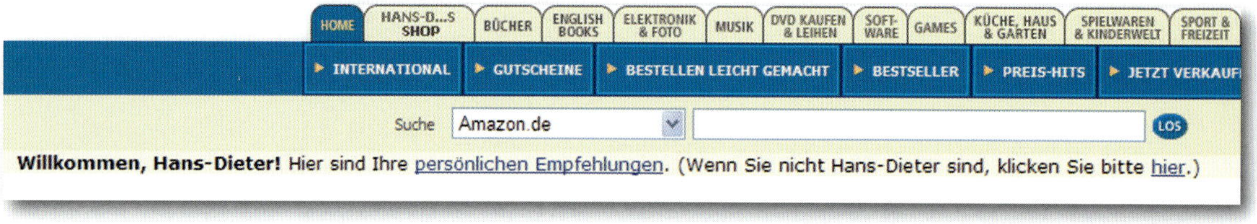

Jeder Kunde wird namentlich erfasst und von Amazon betreut.

Sobald ich etwas gekauft habe, gibt es oben den Karteireiter ***HANS-D.'s SHOP.***

Nachdem ich für meine Frau einmal ein Buch über Lady Diana bestellt hatte, überschüttete mich meine ***Shop-Seite*** mit Literatur über die englische Königsfamilie. Allerdings liebe ich Abwechslung bei der Lektüre, und deshalb sind für mich auch andere Bücher lesenswert. Der Spruch *Dat Wenige, wat ik lese, schreib ik mir selber!* ist nicht mein Motto.

Selbst wenn man nur nach „Opa" bei Amazon sucht, landen wir mit unserem ersten Buch ganz oben in der Trefferliste.

Mein Enkel versichert mir: „Das Bestellen bei ***Amazon*** ist kinderleicht zu lernen. Du wirst Schritt für Schritt von einer Seite zur nächsten geführt. Klick auf das Bild von unserem Buch und lass dich einfach vom Programm weiterleiten, bis irgendwo zur Kasse gebeten wird. Wenn du Stammkunde bist, kannst du auch das ***1-Click-Verfahren*** einschalten.

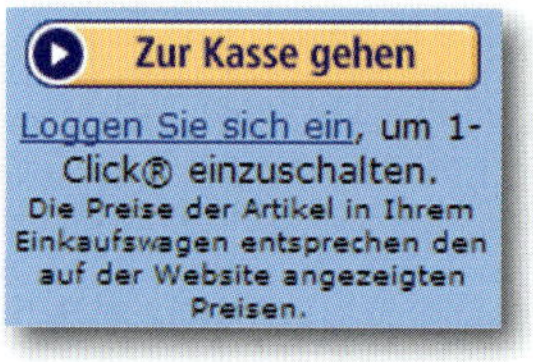

Mit einem einzigen Klick wird die Bestellung eines Buchs automatisch abgewickelt. Du brauchst nur noch die Bestellung abzusenden. Klicke den

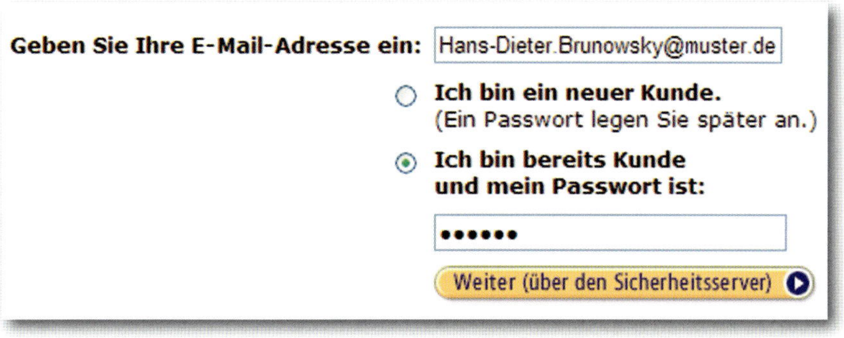

langen gelben Knopf für den Weg über den Sicherheitsserver an! Ich kann dir nicht sagen, was da passiert, aber Sicherheit klingt immer gut.

Wenn du die Daten für die Zahlungsweise ausgefüllt hast, musst du noch auf einen weiteren gelben länglichen Knopf klicken, damit das Buch verschickt wird. Nur das Bezahlen musst du jetzt noch regeln. Dazu wird dir ein Fragebogen über deine

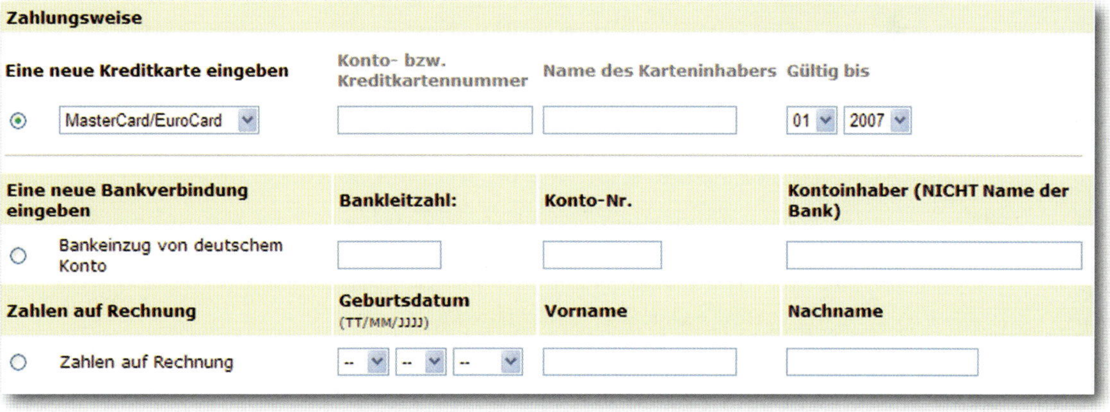

Amazon bietet nur sichere Zahlweisen an: Kreditkarte, Bankeinzug und sogar Zahlung per Rechnung nach Warenerhalt.

Zahlungswünsche angeboten. Probiere alles nach Herzenslust aus und experimentiere etwas herum, Opa. Solange du die Bestellung nicht abschickst, passiert nichts!“

Diese Art zu Shoppen, kann mein Hobby werden! Ich surfe durch die Versandhäuser, suche mir die tollsten Klamotten aus, lasse mich als Kunde registrieren und gehe sogar zur Kasse. Nur auf ***Bestellung abschicken*** klicke ich aber erst, wenn ich wirklich etwas kaufen will. Und selbst dann habe immer ein Rücktrittsrecht oder kann meine Bestellung auf irgendeiner Seite ändern.

Suchen im Katalog, bestellen im Internet

Seit Generationen kauft die Familie meiner Frau Textilien in der Oberpfalz. Schon die Großmutter bestellte Bettwäsche bei Witt in Weiden. Der Katalog von dieser Firma wird bei uns regelmäßig gelesen, und ich gebe zu, dass auch ich es praktisch finde, einen Artikel auf dem Papier anzusehen und dann in Ruhe auszuwählen, obwohl ich gegen ein Schwätzchen mit der Verkäuferin auch nichts einzuwenden hätte. Und ich genieße es, wenn meine Frau mich säuselnd in die Entscheidung einzubeziehen vorgibt, die sie längst getroffen hat: „Du kannst das ja jetzt im Internet bestellen!" Ohne Zweifel ein geschickter Schachzug, mich mit meinem neuen Hobby zur Bestellung zu verführen…

Ich frage meinen Enkel: Sag mal Maximilian, wie finde ich im Internet genau die Hose, die sich Oma im Katalog ausgesucht hat?

„Na, Opa, jetzt beweg mal deine grauen Zellen, denn das musst du eigentlich selbst draufhaben. Erst einmal bei ***Google*** *Witt Weiden* als Suchwort eingeben. Versuch es mal mit der zweiten Taste ***Auf gut Glück!***"

Ich bin so stolz darauf, gleich die Startseite gefunden zu haben, dass ich sofort meine E-Mail-Adresse in das Kästchen schreibe und ***Gleich anmelden*** klicke.

Maximilian runzelt die Stirn: „Opa, du musst erst lesen, was da steht, und dann klicken. Du bist gerade dabei, dich für einen ***Newsletter*** anzumelden, was du sicher gar nicht willst. Alles, was du zur Bestellung brauchst, ist die Nummer aus Omas Katalog. Die schreibst du jetzt in das zweite weiße Feld, über dem ***Artikelsuche*** steht. Daneben findest du ***Direkt bestellen aus dem Katalog.*** Darunter heißt es ***Hier klicken.*** Mal sehen, was passiert, wenn ich der Aufforderung folge.

VORSICHT BEIM EINKAUF

Am sichersten ist es, im Internet bei einer soliden Firma einzukaufen, die man kennt. Oft erscheint ein Preis günstig und dann stellt sich heraus, dass man einen Mindestbestellwert einhalten muss. Auf manchen Portalen wird die Bestellmenge automatisch erhöht, bis so ein Mindestbetrag erreicht ist.

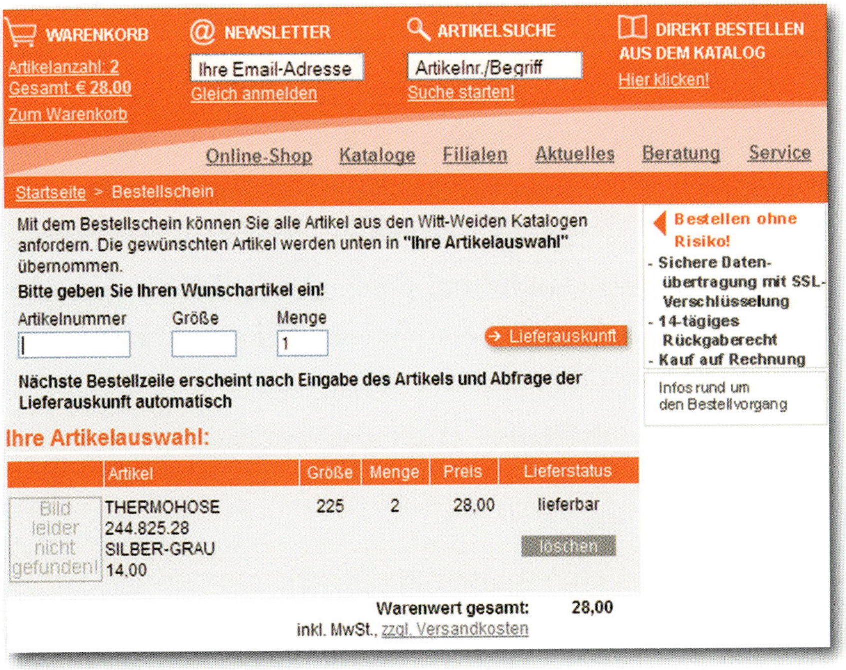

Hier erfährt man fairerweise sofort, ob die Ware auf Lager oder erst später lieferbar ist.

„Natürlich war die Artikelnummer noch nicht alles. Du musst noch die Größe und die Menge angeben, die Oma im Katalog angestrichen hat. Also alles ausfüllen und auf ***Lieferauskunft*** gehen, um zu sehen, ob das Zeug überhaupt auf Lager ist.

Aha, mit diesem Klick wird die Bestellzeile wieder frei. Deine Artikelauswahl wird darunter bestätigt. Gibst du einen weiteren Artikel ein, fügt sich dieser beim Anklicken von ***Lieferauskunft*** unten in die Bestellliste ein. Du kannst jeden Artikel löschen, wenn du einen Fehler gemacht hast oder es dir anders überlegst. Erst wenn alles klar ist, gehst du unten auf die Taste: ***Weiter zum nächsten Schritt.***

Du wirst jetzt gefragt, ob du schon Kunde bist. Du bist zwar kein Kunde, aber Oma hat schon eine Kundennummer. Also oben ein Kreuz in den kleinen Kreis klicken. Sofort öffnet sich unter diesem Bild ein kleines Formular, in das du Kundennummer und Geburtsdatum von Oma eingeben sollst. Wenn du jetzt den nächsten Schritt machst, werden Omas Kundendaten sichtbar, die das Versandhaus noch von der letzten Bestellung per Postkarte kennt.

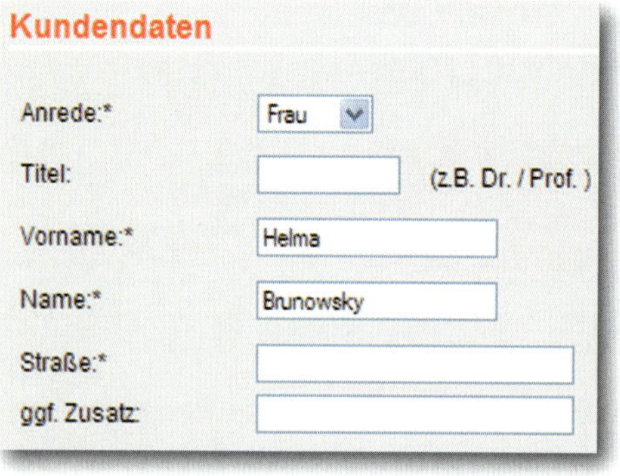

Immer wieder Formulare, in die man seine persönlichen Adressdaten eingeben soll.

Es folgt die Abfrage von Lieferadresse und Zahlungswunsch. Und beim letzten Schritt kannst du dir eine Übersicht über deine Bestellung ausdrucken oder deine Daten korrigieren, bevor du die Bestellung abschickst. So kannst du im Katalog blättern und trotzdem im Netz bestellen. Das kostet kein Porto für die Bestellpostkarte, und die Lieferung ist früher da!“

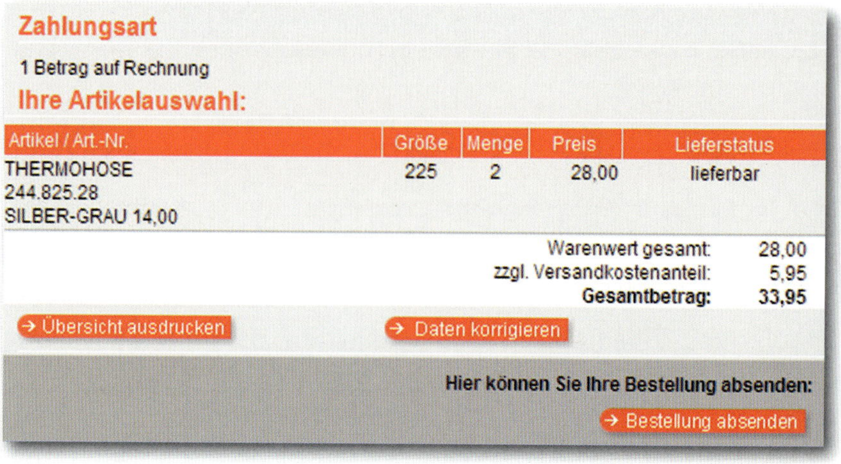

Ich schicke die Bestellung für Maximilians Oma ab, und schon zwei Tage später war der Hermeskurier mit der bestellten Ware da! Auf jeden Fall kommt die Adresse von ***Witt Weiden*** in die Liste der Favoriten.

Sag mal Maximilian, warum brauche ich eigentlich die Suchmaschine, wenn ich alle meine Einkaufsquellen schon als Favoriten anklicken kann?

Zur Erinnerung: Favoriten mit dem Plus-Stern hinzufügen, mit dem gelben Stern öffnen.

„Also Opa, wenn du alle Adressen, die du brauchst, schon als ***Favoriten*** gespeichert hast, ist ***Google*** natürlich entbehrlich. Aber wer Shoppen geht, will ja auch mal etwas Neues entdecken und ansehen oder vergleichen. Die Suchmaschine kann dabei alles Mögliche aus dem irrsinnig großen Angebot herausfiltern, sodass du etwas in der Informationsflut finden kannst. Du musst eben eine genügend lange Reihe von Worten in das Suchfeld schreiben. Denn ***Google*** zeigt dir die Seiten als Erstes an, auf denen alle deine Suchworte vorkommen. Wenn du also *Versandhaus* eingibst, bekommst du alle Versandhäuser. Gibst du die Worte *Weiden* und *Katalog* dazu, wirst du relativ schnell den Katalog von ***Witt Weiden*** angeboten bekommen."

Ich überlege scharf, was ich mir denn noch so wünschen könnte und gebe mal versuchsweise die Worte *Musik, Jazz, CD* und *Glenn Miller* ein, weil ich diese Musik vor 60 Jahren so gern gehört habe.

Gratisangebote sind immer mit Vorsicht zu genießen! Oft handelt es sich um Lockangebote besonders teurer Anbieter. Gerade bei Musik und Filmen sind auch die Urheberrechte zu beachten!

Ich bin beeindruckt! Es gibt etwa 1.080.000 angebotene Seiten zu dieser Musik. Und ich kann mir einzelne Songs sogar sehr günstig herunterladen. Respekt!

„Opa, hier kannst du nach Herzenslust im Glenn-Miller-Angebot herumsurfen. Blaue Zeile anklicken, anschauen und bei Nichtgefallen oben rechts in der Ecke auf den ***Pfeil nach links*** klicken, um zur Startseite zurückzukehren. Dann die nächste Zeile anschauen, ***Pfeil zurück*** und nächster Versuch."

Seite ansehen und mit Klick auf den Linkspfeil zurück zur Liste der gefundenen Adressen.

Bei der vierten Zeile werde ich fündig: Das Versandhaus ***Hagewitt*** bietet mir eine CD an, auf der der unvergleichliche Meister mit goldener Trompete das schöne Stück *In the Mood* spielt.

Maximilian ist zufrieden: „Also Opa, was lehrt uns das? Nicht gleich bestellen, wenn du deine Traum-CD aus der Verlobungszeit gefunden hast, sondern weitersuchen! Ein Online-Shop wollte dich sogar mit 30 Euro für eine Doppel-CD über den Tisch ziehen. Jetzt haben wir ein solides Angebot. Natürlich musst du dich, wie überall, als neuer Kunde anmelden. Aber dann legst du diese Bestellung in den Einkaufswagen und schaust dir die Rechnung in Ruhe an.

Gut, du musst auch hier teures Porto zahlen, aber es hat sich gelohnt, die verschiedenen Angebote im Internet zu vergleichen."

Mit ebay ersteigern und verkaufen

Ich habe in meinem ganzen Leben noch nie an einer Auktion teilgenommen. Aus dem Fernsehen kenne ich Viehauktionen, bei denen ein Sprachkünstler in irrsinnigem Tempo immer höhere Preise herunterbrabbelt, bis er mit einem Hammer zuschlägt und jemand stolz seinen ersteigerten Ochsen aus der Halle führt.

Ersteigern ist spannender als kaufen.

In Filmen geht es bei Kunstauktionen sehr viel würdiger zu. Leute in feinem Zwirn halten einen Prospekt hoch, während der Auktionator würdevoll und ohne Hektik ausruft: *5000 sind geboten, wer bietet sechs?* Offenbar würde sich in Kunstkreisen niemand der Peinlichkeit aussetzen und um Hundertmarkscheine feilschen.

Mir fällt ein Buch von Kishon ein, in dem ein Jünger der modernen Kunst in einer Ausstellung bewundernd vor einem leeren Wandstück stehen bleibt. Daneben – wie bei den anderen Werken – das Preisschild mit dem Namen des Künstlers und dem Titel *Zwischenraum.*

Und nun soll ich also eine Versteigerung bei ***eBay*** ausprobieren und so beschreiben, dass man das in meinem Alter noch lernen kann.

Mein Enkel Maximilian gibt zu bedenken: „Opa, damit habe ich keinerlei Erfahrung, denn die verlangen, dass man 18 ist, wenn man sich als Teilnehmer anmelden will. Aber wir können ja zusammen einen Versuch unter deinem Namen wagen. Ich helfe dir dann schon, wenn etwas zu verwirrend sein sollte. Klick mal auf ***Google*** im Internet und gib ***eBay*** als Suchwort ein. Siehst du, da sind wir schon auf der Startseite.“

Ich lasse mich durch die Farbenvielfalt nicht verwirren. Die Jugend liebt es eben bunt, und offenbar sind die vier Buchstaben ***eBay*** nur zeitgemäß, wenn man sie in verschiedenen Farben und Schriftarten druckt. „Opa, das nennt man ein ***Logo!***", kommentiert mein Enkel, und ich antworte in seinem Jargon *Logo!* Denn es ist ja wohl logisch, dass ein Logo farbig sein muss.

„Erst einmal müssen wir uns registrieren, bevor wir uns später ***einloggen*** können. Dafür gibt es den Link ***Anmelden.***"

Es ist mir peinlich, zu fragen, was ***Einloggen*** ist. Muss man ja auch nicht wissen! Wenn man vom System aufgefordert wird, sich ein- oder auszuloggen, dann tut man ihm eben den Gefallen!

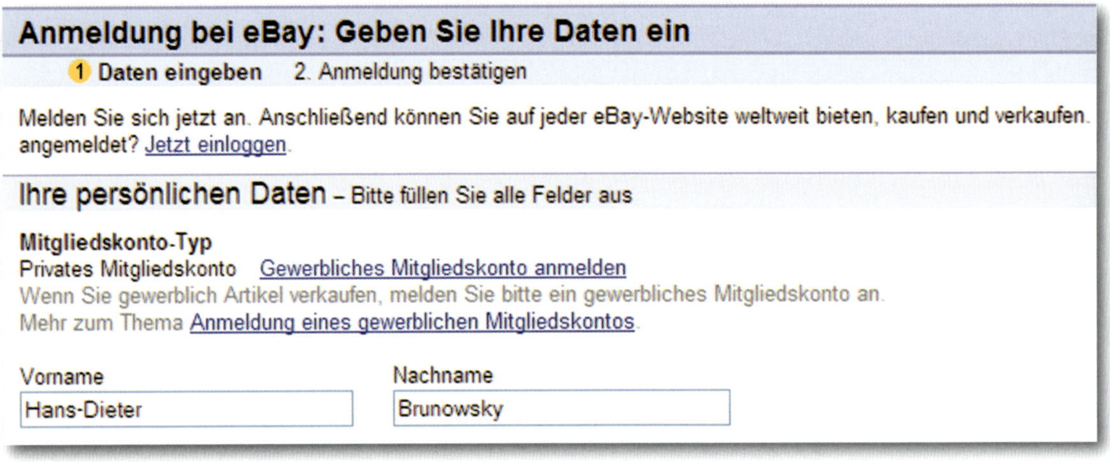

Die persönlichen Daten braucht eBay, um spätere Käufe abzuwickeln.

„Das Ausfüllen von Formularen ist ja inzwischen eine leichte Übung für dich. Die wollen natürlich wissen, wer du bist, wenn du etwas ersteigert hast. Denn es muss dir ja irgendwie zugestellt werden, und du sollst es ja auch bezahlen!"

Ich bin noch höchst skeptisch, wie das zwischen wildfremden Menschen ablaufen soll. Ich soll zuerst bezahlen, bevor ich den ersteigerten Artikel zugeschickt bekomme. Wer schützt mich vor Betrügern, die nicht liefern, obwohl ich bezahlt habe?

„Wir probieren das eben mal mit einem kleinen Artikel aus. Fünf Euro kannst du doch mal riskieren, ohne dass es

Gespräche darüber mit deiner Regierung gibt…" Maximilian hat recht, auch wenn der freche Bengel seine Oma als Regierung bezeichnet, nur weil sie die Übersicht über unsere Konten behält.

Wir versuchen krampfhaft, das Kleingedruckte bei ***eBay*** in den Geschäftsbedingungen zu lesen. Beim Scrollen merken Maxi und ich erst, wie lang diese Geschäftsbedingungen sind. Jetzt bewährt sich, dass ich neben meinem PC auch noch einen Drucker habe. Ich klicke auf ***Druckversion*** und bekomme sieben(!) Seiten klein gedruckte Geschäftsbedingungen! Eine Tummelwiese für Juristen… Aber ohne das Akzeptieren dieser Regeln ist hier kein Geschäft zu machen. Ich lese mir alles durch, begreife die Hälfte und kreuze schließlich beide Kästchen an, akzeptiere und willige per Klick ein.

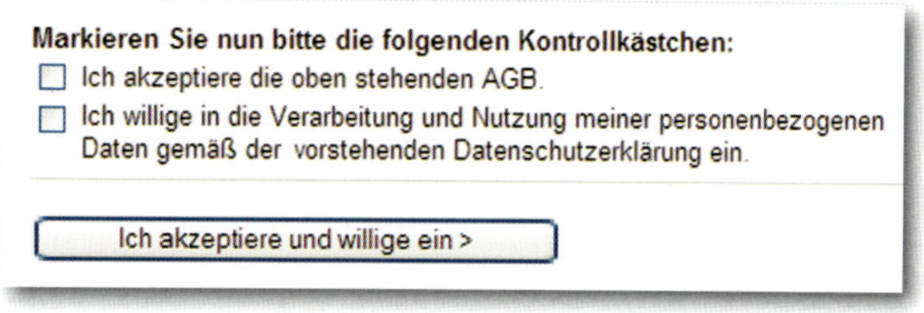

„So Opa, jetzt bist du also Mitglied bei ***eBay*** und kannst dort nach Herzenslust einkaufen oder ersteigern. Ich habe keine Ahnung, wie das geht, aber das ist ja das Spannende am Internet. Man geht einfach auf Entdeckungsreise und lässt sich von einem Link zum anderen bis an das gesuchte Ziel führen.

Aha, das ist also die Startseite. Klick mal ***Kaufen*** an. Jetzt werden dir alle Suchgebiete von *Antiquitäten & Kunst* über *Modellbau* bis *Uhren & Schmuck* angeboten. Wie bei ***Google*** hast du auch hier ein Eingabefeld zum Hineinschreiben deiner

Wünsche. Was bei Google ***Suchen*** heißt, nennen sie bei ***eBay*** originellerweise ***Finden.*** Die Optimisten gehen eben davon aus, dass du bei ***eBay*** alles finden kannst. Also schreib mal rein, dass wir eine CD von Glenn Miller finden wollen, von dessen Swing-Musik ihr ja in eurer Jugend so große Fans wart."

2

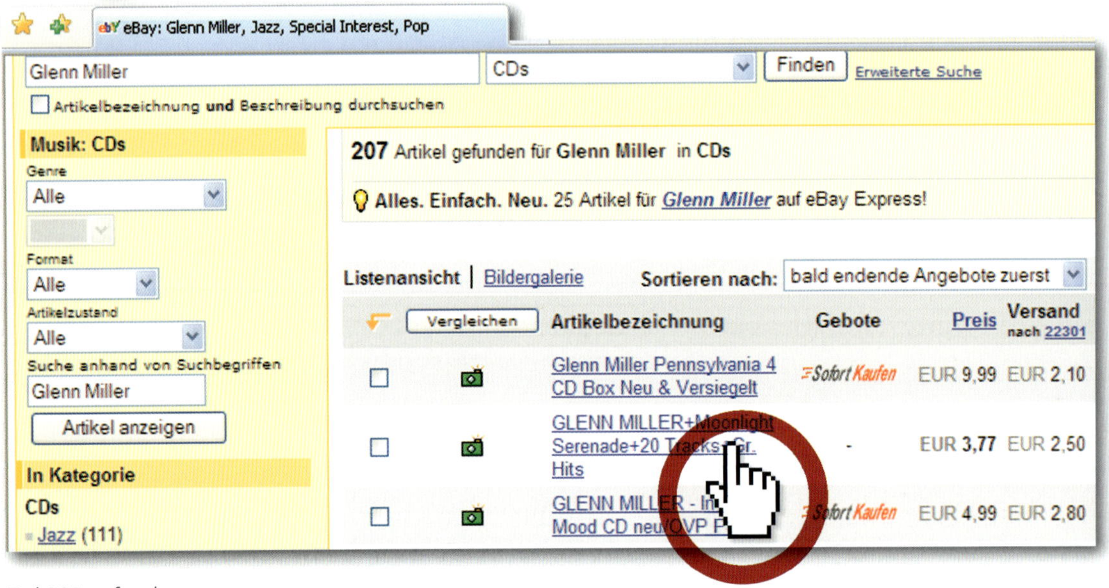

Bei 207 gefundenen Artikeln muss man sich zwingen, ganz ruhig zu bleiben …

„Na bitte. Da hast du ja schon eine ganze Liste von Glenn-Miller-CDs, die du direkt kaufen oder ersteigern kannst. Mal sehen, wie das funktioniert. Klick mal auf die blau unterstrichene Zeile ***Glenn Miller Moonlight Serenade*** und schau dir an, was passiert. Wer sagt denn, dass wir das nicht begreifen können? Deine CD ist hier sogar abgebildet. Du findest Angaben über den Verkäufer,

3

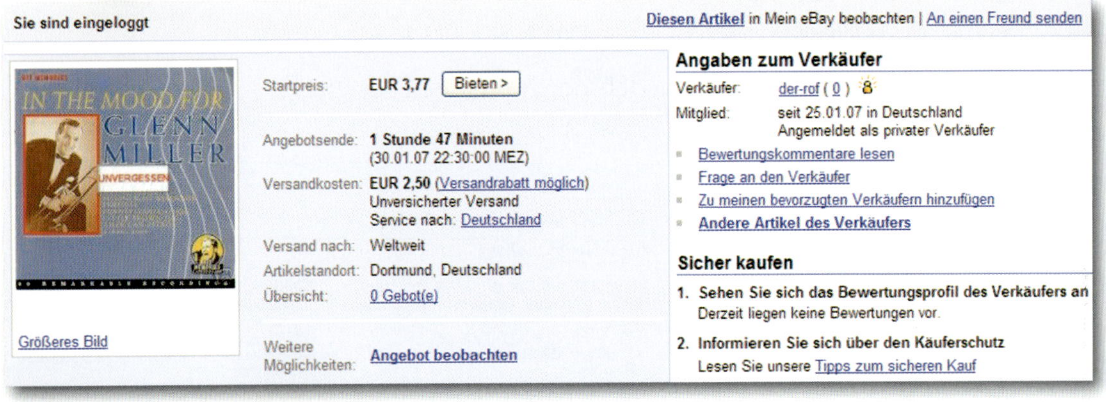

der offenbar auch erst seit kurzer Zeit angemeldet ist. Oben steht ein Startpreis von 3,77 Euro und daneben das Wort ***Bieten.***"

Ich klicke also auf ***Bieten,*** weil mein eigen Fleisch und Blut geschworen hat, dass ich dabei nicht über den Tisch gezogen werde. Etwas mulmig ist einem ja bei jeder Auktion, weil man zu hoch gepokert hat und jetzt zur Kasse gebeten wird. Aber bis maximal fünf Euro Lehrgeld wären dafür noch zu verschmerzen.

Mit einem Klick auf die Zahl hinter dem Verkäufernamen bekommen wir gesagt, wie die früheren Kunden unseren Verkäufer bisher bewertet haben.

„Klick jetzt mal auf ***Bieten!*** Jetzt sollst du ein Maximalangebot eingeben. Aber wenn ich richtig gelesen habe, bekommst du deine CD auch für den angebotenen Startpreis, solange dich keiner überbietet. ***eBay*** bietet für dich übrigens so lange automatisch mit, bis dein Maximalangebot erreicht ist. Erinnere dich: Da war doch in der ersten Aufstellung eine Angabe ganz rechts in der Liste, wie lange die Auktion für jeden Posten noch läuft. Wirst du überboten und ist noch Zeit übrig, kannst du wie bei einer richtigen Versteigerung dein Gebot erhöhen. Allerdings erfahren deine Mitspieler nicht, wie hoch du gegangen bist, sondern nur, dass sie jemand überboten hat."

4

eBay bietet automatisch mit, bis das Maximalangebot erreicht ist.

Mir raucht der Kopf. Meine Pension reicht aus, um jeden vernünftigen Preis für eine CD zu bezahlen, die ich haben will. Aber offenbar wird hier der Spieltrieb der Menschen geschickt genutzt. Es wird Spannung erzeugt und das Glücksgefühl, gewonnen zu haben, zu Geld gemacht.

5

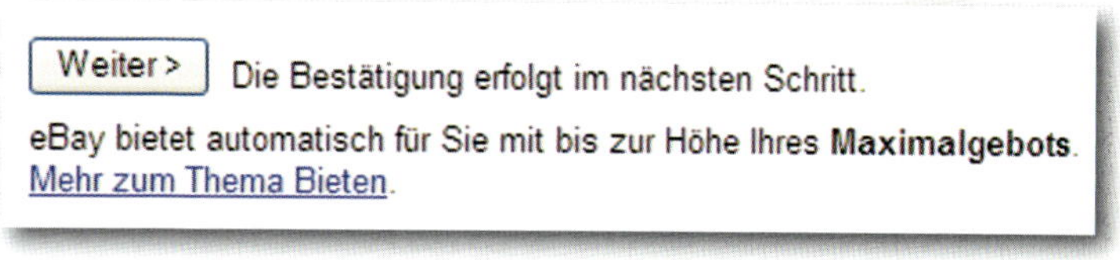

Also, erst wenn jemand mein Höchstgebot übertrifft, muss ich weiterbieten. Wir sind uns einig, dass wir jetzt einen rechtsgültigen Kaufvertrag abschließen, wenn wir unser Gebot bestätigen. Das habe ich schon in den sieben Seiten langen Geschäftsbedingungen gelesen. Aber wer liest schon so genau das Kleingedruckte? Deshalb erscheint auf dem Bildschirm eine sinnvolle Erinnerung:

6

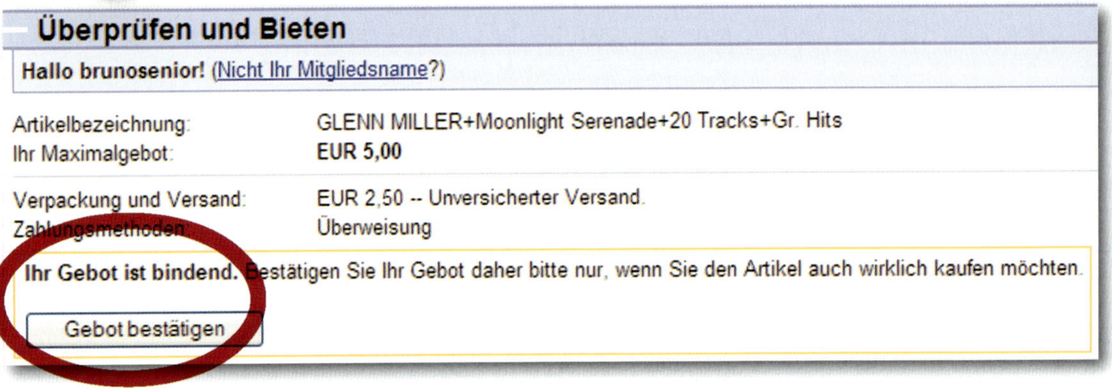

Na bitte: Obwohl Maximilian als Jugendlicher keinerlei Erfahrung mit Versteigerungen hat, haben wir gemeinsam alles richtig gemacht und eine CD von Glenn Miller ersteigert, ohne dass unser Höchstgebot ausgeschöpft wurde. Mal sehen, wie es weiter funktioniert. ***eBay*** hat ja die E-Mail-Adressen von Käu-

7

fer und Verkäufer, aber nicht automatisch die Konten für den Zahlungsverkehr. Auf übersichtlich gestalteten Seiten wird nun dafür gesorgt, dass der Käufer das Konto erfährt, auf das er den Kaufpreis überweisen muss. Erst wenn das Geld eingegangen ist, muss der Verkäufer liefern – so sind die Spielregeln bei **eBay.** Per E-Mail vom elektronischen Auktionshaus erfährt der Verkäufer unsere Adresse für den Versand.

Mit der nächsten E-Mail teilt nun der Verkäufer nochmals sein Konto und seine Zahlungswünsche mit. Mein Enkel hat mir hier wenig helfen können, aber die Schritte sind insgesamt so übersichtlich und logisch, dass man sich gut in dem Verfahren zurechtfindet.

Maximilian ist ganz heiß darauf, jetzt mal eine eigene Versteigerung zu organisieren: „Oma, hast du nicht irgendwo im Haushalt ein brauchbares Gerät oder ein hässliches Geschenk übrig, das wir versteigern könnten?"

Die Reaktion ist blankes Entsetzen. Für das Experimentieren hat meine Frau gerade noch Verständnis. Aber wenn Enkel und Opa anfangen, die Einrichtung zu verkloppen, hört der Spaß bei ihr auf.

Da hat Maximilian die Idee: „Opa, du hast doch noch so eine CD mit deinen Baltenwitzen. Meinst du nicht, dass wir damit das Verkaufen üben könnten?"

Ich krame in meinen Schubladen und finde tatsächlich zwei Exemplare von meinen *Baltischen Geschichten.* Die sind von mir selber, also gibt es keine Probleme mit Urheberrechten. Und da ich noch zwei Exemplare zum Verschenken vorrätig habe, kann ich mich von einer CD trennen.

„Also, ich nehme dir mal die Denkarbeit beim Versteigern ab. Was hast du im Einkauf für das gute Stück gelöhnt? Das wählen wir als Mindestgebot, und den Gewinn bekomme ich als Provision für meine Beratungsleistung."

Ich willige ein. Hauptsache, ich riskiere nicht zu viel von dem Guten in bar. Denn beim Verkaufen, das ist doch klar,

IN 7 SCHRITTEN BEI EBAY MITSTEIGERN

1. Auf der Startseite einen Artikel suchen.
2. Aus der Liste der Angebote eins auswählen.
3. Artikelbeschreibung und Bilder studieren, bei Gefallen auf „Bieten" klicken.
4. Maximalgebot eingeben …
5. … und Bestätigung abwarten.
6. Gebot bindend bestätigen.
7. Nach Aufforderung den Artikel bezahlen.

Mein eigenes Hörbuch findet bei eBay mit Sicherheit einen Käufer.

will auch ***eBay*** mitkassieren! Wir klicken uns also noch einmal durch den ganzen Anmeldezirkus hindurch. Natürlich machen wir wieder weiß der Kuckuck was für Fehler, aber beim dritten Anlauf klappt es mit dem ***Einloggen*** und unserem ***Passwort.*** So erreichen wir endlich eine Seite, auf der wir oben das Wort ***Verkaufen*** finden.

„So, wir geben jetzt dein Hörbuch in das weiße Feld ein und schauen mal, was passiert, wenn wir danach auf ***Verkaufen*** klicken."

Mich nervt, dass ich bei jedem Schritt oben und rechts daran erinnert werde, dass ich drei Hinweise hätte. Die habe ich längst gelesen und bestätigt, aber immer noch werde ich daran erinnert. Maximilian macht ein paar Klicks und zeigt mir dann

1

stolz, was da steht: ***Sie können diese Hinweise erst nach dem 8.2.07 löschen.*** Wir haben heute erst den 7. Februar! Lesen können hätte ich das auch allein. Aber die Stelle finden war das Problem …

Mir fällt die Story vom Kraftfahrzeugmeister ein, der mit einem kleinen Hammerschlag einen Motor wieder zum Anspringen bringt und dafür 25 Euro verlangt. Der Kunde protestiert: Für einen Hammerschlag sei das wohl nicht angemessen. Darauf der Meister: „Für die Reparatur nehme ich ja auch nur fünf Euro – die anderen 20 sind für ‚gewusst wo'!"

Unser Klicken auf ***Verkaufen*** geht in die Hose. Auch Maximilian steht erst mal dumm da, denn wir bekommen die gleiche Seite wieder angeboten: „Opa, man muss eben erst einmal alles lesen, was da steht. Schau mal weiter unten auf das Symbol für ***Kategorien!"***

Tatsächlich! Es geht erst weiter, wenn ich ***Kategorie auswählen*** anklicke. Da wir noch nicht als Verkäufer bekannt sind, schaltet ***eBay*** aber vor die Seite mit den Kategorien noch eine Überprüfung der Adressdaten. Erst wenn wir dem System bekannt sind, kommen wir direkt zum Wählen der Kategorien. Damit soll verhindert werden, dass wir uns später um die Gebühren drücken.

Die Kategorie, zu der der Artikel gehört, muss gleich am Anfang angegeben werden.

„Das brauche ich dir ja nicht vorzulesen, Opa. Davon verstehst du mehr als ich. Aber die wollen wohl sichergehen, dass du zuverlässig bist!" Maximilian findet dazu irgendwo noch

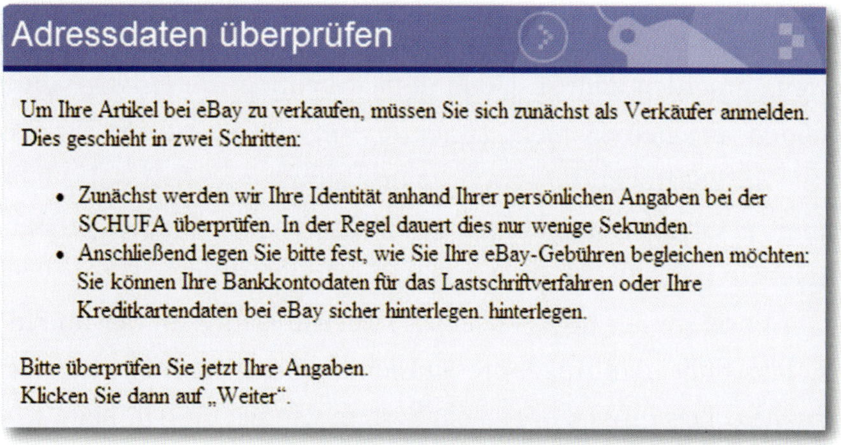

Adressdaten überprüfen

Um Ihre Artikel bei eBay zu verkaufen, müssen Sie sich zunächst als Verkäufer anmelden. Dies geschieht in zwei Schritten:

- Zunächst werden wir Ihre Identität anhand Ihrer persönlichen Angaben bei der SCHUFA überprüfen. In der Regel dauert dies nur wenige Sekunden.
- Anschließend legen Sie bitte fest, wie Sie Ihre eBay-Gebühren begleichen möchten: Sie können Ihre Bankkontodaten für das Lastschriftverfahren oder Ihre Kreditkartendaten bei eBay sicher hinterlegen. hinterlegen.

Bitte überprüfen Sie jetzt Ihre Angaben.
Klicken Sie dann auf „Weiter".

einen Vermerk, dass wir uns mit dem Käufer in Verbindung setzen sollen. Mir war das auch so klar.

Melden Sie sich innerhalb von drei Tagen bei Ihrem Höchstbieter bzw. Käufer, um Einzelheiten zur Bezahlung und zum Versand abzuklären.

Wir gehen davon aus, dass ***eBay*** diese Kontakte zwischen Käufer und Verkäufer automatisch organisiert, denn dort haben sie ja beide E-Mail-Adressen.

Mein altkluger Enkel belehrt mich noch einmal: „Opa, keine Bange, diesen Zirkus da machen sie mit dir nur einmal, bis sie deine Daten überprüft und dich als Verkäufer akzeptiert haben. Du wirst sehen: Beim zweiten Verkauf kommst du vom Klick auf ***Kategorie auswählen*** direkt zur nächsten Seite."

Die Seite, auf der wir eine Kategorie auswählen sollen, ist übersichtlich gestaltet. Eine lange Liste in alphabetischer Folge lässt sich herunterscrollen. Wenn man eine Kategorie anklickt, erscheinen daneben wiederum Untergruppen. Je genauer wir unsere Hörbuch-CD beschreiben, desto wahrscheinlicher ist es, dass jemand sie auch findet.

„Wenn du jetzt auf ***Bücher*** klickst, erscheint gleich daneben eine Liste von Untergruppen dieser Kategorie. Aber wichtiger erscheint mir, dass du deine CD wahrscheinlich unter verschiedenen Kategorien anmelden kannst. Denn deine Suchbegriffe *Hörbuch* und *Humor* erscheinen nicht zusammen in einer Gruppe. Riskier mal die zusätzlichen Gebühren und akzeptiere, dass deine CD in zwei Gruppen angeboten wird. Dann ist die Chance größer, dass ein baltischer Landsmann dein Angebot findet."

Mir ist immer noch rätselhaft, wie die Käufer in der unendlichen Fülle der Angebote zielsicher finden können, was sie suchen. Das muss wohl so ein System wie bei Google sein, wo man ja Suchworte eingibt und dann eine Menge Listen zu sehen kriegt, in denen die gesuchten Waren angeboten werden. Aber das muss man einfach mal ausprobieren. Ein Enkel, der

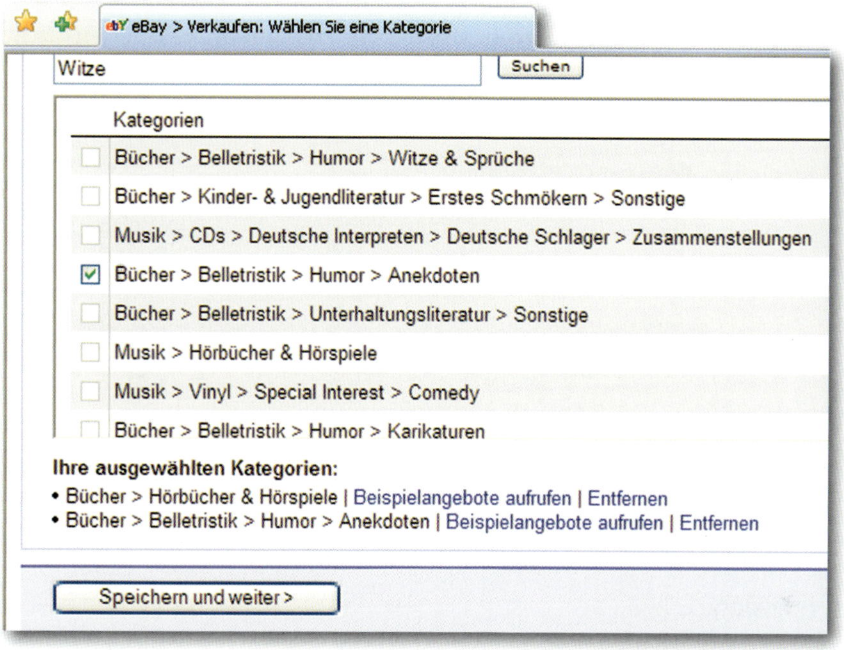

3

Bei zwei Kategorien wird das Angebot eher gefunden. Das kostet jedoch extra.

zu jung ist, um bei ***eBay*** mitmachen zu dürfen, ist da genau so ein Versuchskarnickel wie ich. Aber er tut wenigstens so, als wenn er alles weiß:

4

„Das ist jetzt nur der Kopf von einem langen Formular, in dem du deinen Artikel genau beschreiben kannst. ***eBay*** gibt dir dabei bei Bedarf einfache Hilfen und sagt dir immer, was du als Nächstes tun musst. Lass dich nicht durch Fehler frustrieren. Jeder Anfänger muss diese Ochsentour ein paar Mal ausprobieren, bevor er das dann sicher draufhat. Im Verlauf deiner Artikelbeschreibung kommt auch die Aufforderung, deinen Ordner ***Eigene Bilder*** nach dem Foto von deiner CD zu durchsuchen. Wir haben ja einfach das Cover von der CD gescannt und in ***Eigene Bilder*** archiviert. Klickst du auf ***Durchsuchen,*** dann holt dir ***eBay*** deine Dateien zum Auswählen auf den Bildschirm. Du

5

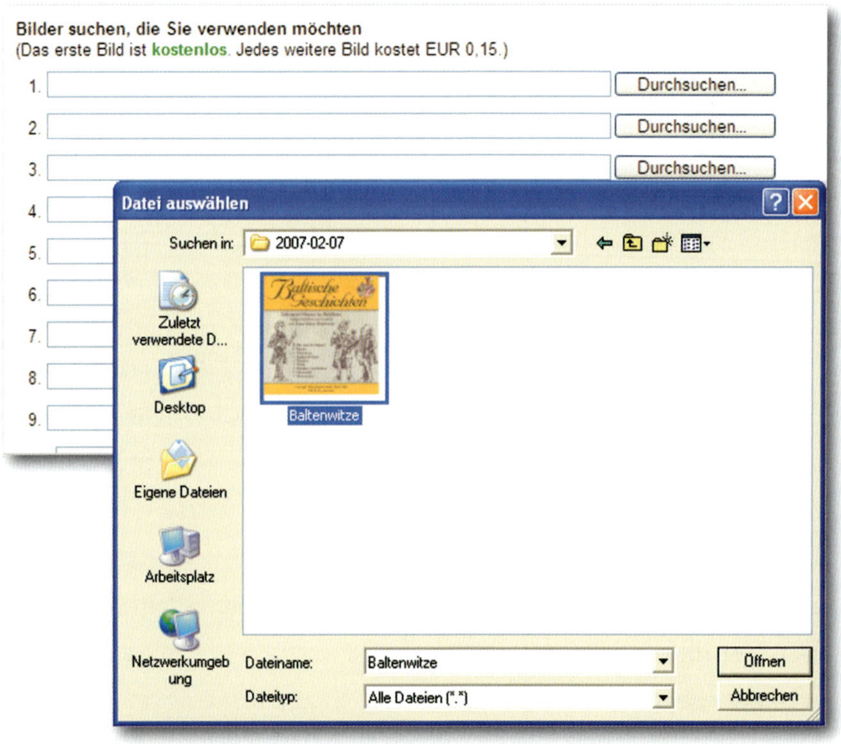

eBay sucht das Bild auf unserem Computer als Erstes im Ordner „Eigene Bilder".

brauchst jetzt nur noch in deinen Ordnern das Bild zu finden. Sobald du auf ***Öffnen*** klickst, stellt ***eBay*** den Dateinahmen in der ersten Zeile neben das Wort ***Durchsuchen.*** Und dieses erste Bild ist auch noch kostenlos. Das gefällt uns doch!"

Mir ist absolut unbegreiflich, woher ***eBay*** wissen kann, wo ich meine Bilder gespeichert habe. Ich habe ihnen zwar meine E-Mail-Adresse gegeben, aber doch keine Struktur meiner Festplatte. Das grenzt ja schon an die Fähigkeiten eines Hackers, was die mit mir machen. Man braucht eben viel Gottvertrauen, wenn man mit diesen Brüdern ins Geschäft kommen

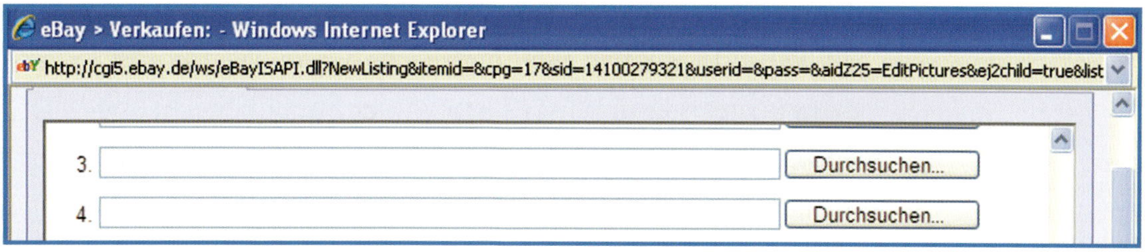

will! Aber tatsächlich: Es funktioniert! Wir begnügen uns also mit dem einen Bild und beenden den Vorgang des Bildersuchens in meinem PC mit dem Befehl ***Bilder hochladen*** – was immer das bedeuten mag. Es öffnet sich ein neues Formular mit Fragen zum Artikel, die wir aber leicht beantworten können.

„Nur Geduld, Opa! Jetzt haben wir es bald geschafft. Deine Kunden sollen ja auch sofort finden können, was sie suchen. Deshalb die Umstände!"

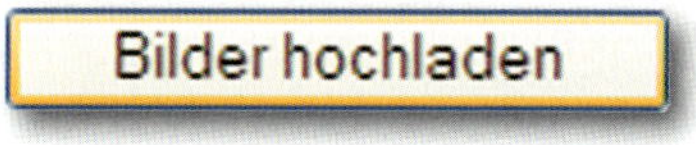

Ohne Maximilian hätte ich längst aufgegeben. Aber so klicken wir geduldig die nächsten Schritte an. „Weißt du Opa, jetzt kommen all die Maschen, mit denen ***eBay*** versucht, dich zu zusätzlichen Ausgaben zu verleiten. Vergiss es! Jedes fett gedruckte Wort, jedes zusätzliche Bild, alles, was du jetzt bestellst, kostet zusätzliche Gebühren. Das lohnt sich ja vielleicht bei einem antiken Schinken, aber bestimmt nicht bei unserer CD. Also keine Zusatzoptionen! Lass dich nicht über den Tisch ziehen!"

Also versuchen wir es erst ohne die Zusatzoptionen. Das ist auch viel günstiger.

Jede zusätzliche Option kostet neue Gebühren bei eBay.

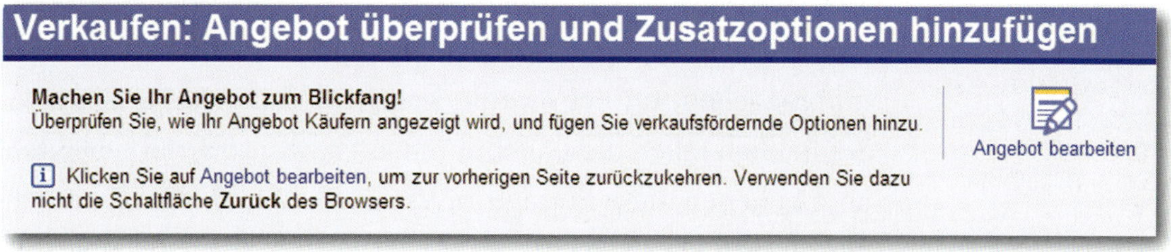

Ich frage mich, wofür wir unser schönes Bild hochgeladen haben, wenn es im Angebot nicht zu sehen ist. Maxi macht ein paar

Klicks unter ***Angebotsvorschau,*** und das Foto ist da: „Da hast du dein Bild, aber wunder dich nicht, wenn das nachher 75 Cent extra kostet. Dafür wird es jetzt in der Suchübersicht angezeigt!“ Ich wundere mich nicht, aber das Foto ist mir die 75 Cent wert.

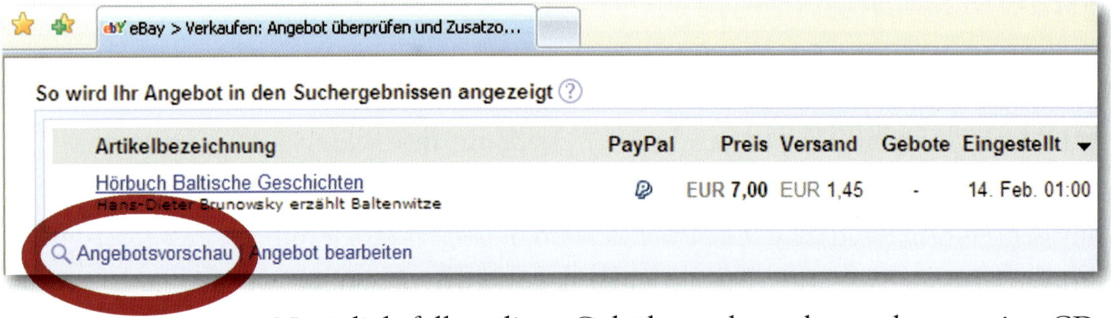

Natürlich fallen diese Gebühren doppelt an, denn meine CD wird ja in zwei Kategorien angeboten. Es werden am Schluss sogar 3,50 Euro sein! Bei einem Objekt, für das man eventuell nur sieben Euro erzielen kann, ist das eine Menge Holz. Aber wir wollen ja das Versteigern lernen.

6

Nun sind wir bald so weit, dass wir bei ***eBay*** versteigern dürfen. Was soll da der schnöde Mammon? Es ist ein toller Spaß, mitzumachen, und ein wenig Lehrgeld darf man ja riskieren. Schließlich fallen diese Gebühren auch bei größeren Objekten an, bei denen diese Beträge im Verhältnis zum Erlös lächerlich gering sind.

Doch so, wie ich ***eBay*** mittlerweile einschätze, werden bestimmt auch noch Prozente vom Versteigerungserlös fällig.

Kein Wunder, dass sie um uns Verkäufer noch mehr bemüht sind, als um die Kunden, die etwas kaufen wollen. Fairerweise bekommt man noch einmal seine Gebühren aufgelistet, bevor es dann endlich losgeht.

Diese Kosten sollten wir genau überdenken, bevor wir zustimmen, sie auch abbuchen zu lassen. Deshalb also war ***eBay*** so scharf auf meine Vollmacht zum Giroeinzugsverfahren. Da klingelt es aber bei der großen Zahl von Verkäufern richtig in der Kasse. Denn diese Gebühren zahle ich, auch wenn ich nichts verkaufe, weil keiner für meine Waren ein Gebot abgibt. Stolz wie tausend Russen lassen wir uns als neue Verkäufer begrüßen.

IN 6 SCHRITTEN BEI EBAY VERKAUFEN

1. „Verkaufen" auf Startseite wählen.
2. Kategorie der Warengruppe auswählen.
3. Eventuell zweite Kategorie wählen.
4. Angebot erstellen.
5. Vorher angefertigtes Bild suchen und laden.
6. Angebot in der Vorschau überprüfen und einstellen.

Aller Anfang ist schwer, aber wer den Verkauf bei ***eBay*** beherrscht, kann aus überflüssigem Gerümpel bares Geld machen. Schauen Sie doch selbst einmal dort vorbei und lassen sich vom nahezu unendlichen Angebot begeistern. Sicher durchstöbern Sie danach sofort Ihren Keller nach Dingen, die sich im Laufe der Jahre dort angesammelt haben, und verhökern anschließend die antike Gießkanne, die Schellack-Plattensammlung oder das alte Tonbandgerät.

Wir werden auch bald wieder ***eBay*** ansteuern.

DER PC ALS REISEBÜRO

Wie im Reisebüro kann man auch zu Hause in Ruhe alle Angebote vergleichen und den Urlaub dort selber buchen.

Reisen planen und buchen

Das Reisen ist zwar nicht mehr mein großes Hobby. Zu meiner Schande muss ich gestehen, dass ich noch niemals in Spanien war. Meine baltischen Vorfahren pflegten auch keine Reiseziele in Betracht zu ziehen, die man nicht mit eigenen Pferden erreichen konnte …

Meine Enkel sind dafür schon auf Safari in Südafrika gewesen und haben in fünf Jahren mehr von der Welt gesehen, als ich in 80 Jahren. Aber geplant haben das immer ihre Eltern. Mal sehen, wie Maximilian mich angesichts dieser Sachlage beim Planen von Reisen durch das Internet zu lotsen versteht. Das, was ich natürlich am ehesten brauche, ist die Auskunft von der Bahn, wenn ich einen Besuch bei meinen Kindern plane. Also fangen wir damit an.

Vor der großen Reise steht das Kofferpacken und davor die Buchung von Tickets im Internet.

Bahnfahrkarten buchen und Sonderpreise nutzen

Ich bitte mal wieder meinen Enkel, mir zu erklären, wie man eine Auskunft und eine Bahnfahrkarte im Internet bekommt.

„Opa, kommst du auch langsam drauf, dass man das im Internet machen muss? Bei einer telefonischen Anfrage kriegst du ja nur Musik und den Spruch *Bitte warten* oder *please hold the line* zu hören, im Internet geht das ruck, zuck!“

Also, wie gehabt bei ***Google*** die Suchworte ***Bahn Auskunft*** eingeben. Es erscheint sofort die Liste der gefundenen Seiten und wir wählen gleich die erste Zeile ***Die Bahn: Startseite Reiseportal: Auskunft, Fahrkarten.*** Mit etwas Mut hätte man sogar *www.bahn.de* eingeben können …

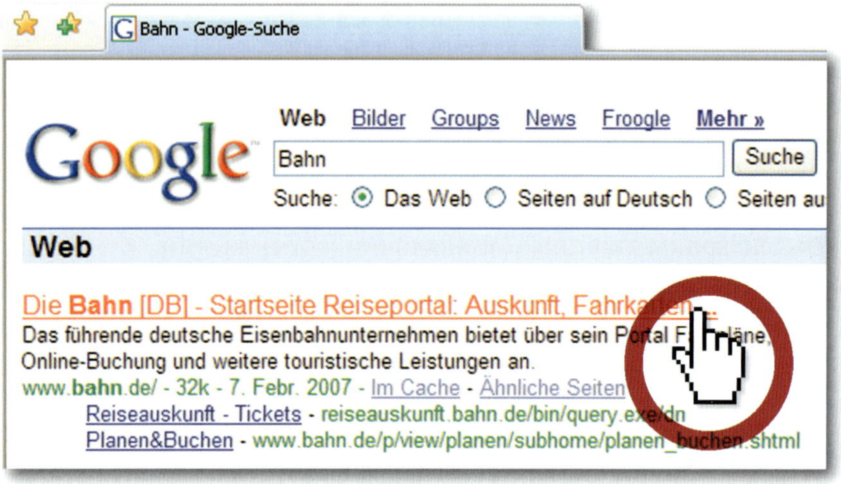

Mit dem Suchwort „Bahn" kommen wir über Google (r.) zur Startseite der Deutschen Bahn (u.).

„Aha, die Zeile wird rot, wenn wir sie anklicken. Und dann wird dir von der Bahn eine erste Maske angeboten, in die du schreiben kannst, von wo nach wo du fahren willst."

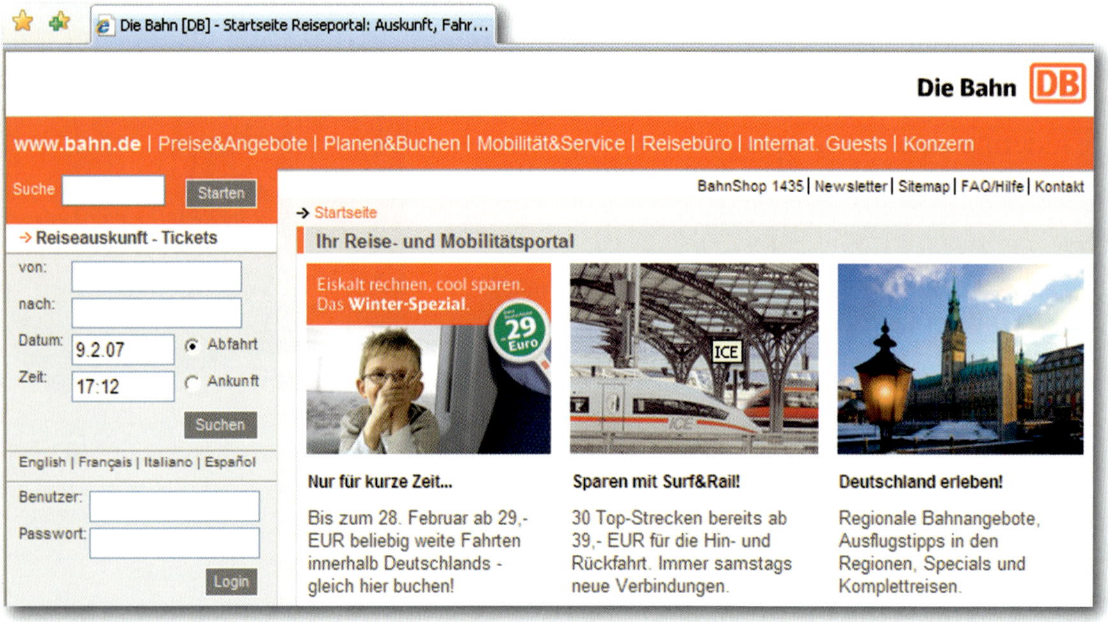

„Lass dich nicht durch die Werbung stören, die wechselt ständig. Schreiben wir links in die ***Felder*** unsere Wünsche hinein. Für die Hinfahrt ist das heutige Datum und die jetzige Uhrzeit angegeben. Das müssen wir überschreiben. Markiere die Eintragungen. Wenn sie blau werden, kannst du die gewünschten Daten von

Abfahrtstag und Uhrzeit in das Feld schreiben. Dann klick auf ***Suchen.*** Bist du schon Bahnkunde mit eigenem Passwort, dann kannst du dich gleich hier einloggen. Wir bekommen jetzt noch ein Planungsformular zum Ergänzen der Eintragungen. Da füllen wir noch Rückfahrtwünsche aus, und danach klicken wir wieder unten links auf ***Suche starten.*** Jetzt werden uns alle möglichen Verbindungen mit genauen Abfahrtszeiten und mehreren Rückfahrtmöglichkeiten zum Buchen angeboten."

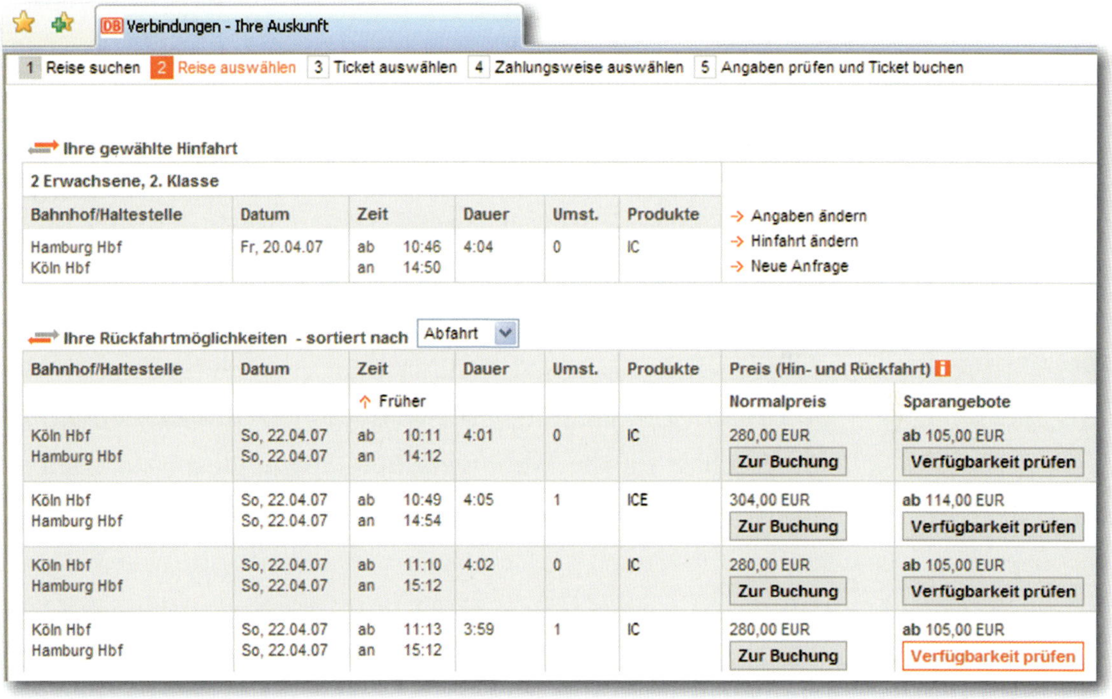

DB Verbindungen - Ihre Auskunft

1 Reise suchen | 2 Reise auswählen | 3 Ticket auswählen | 4 Zahlungsweise auswählen | 5 Angaben prüfen und Ticket buchen

Ihre gewählte Hinfahrt

2 Erwachsene, 2. Klasse

Bahnhof/Haltestelle	Datum	Zeit		Dauer	Umst.	Produkte
Hamburg Hbf Köln Hbf	Fr, 20.04.07	ab an	10:46 14:50	4:04	0	IC

→ Angaben ändern
→ Hinfahrt ändern
→ Neue Anfrage

Ihre Rückfahrtmöglichkeiten - sortiert nach Abfahrt

Bahnhof/Haltestelle	Datum	Zeit		Dauer	Umst.	Produkte	Preis (Hin- und Rückfahrt)	
		↑ Früher					Normalpreis	Sparangebote
Köln Hbf Hamburg Hbf	So, 22.04.07 So, 22.04.07	ab an	10:11 14:12	4:01	0	IC	280,00 EUR Zur Buchung	ab 105,00 EUR Verfügbarkeit prüfen
Köln Hbf Hamburg Hbf	So, 22.04.07 So, 22.04.07	ab an	10:49 14:54	4:05	1	ICE	304,00 EUR Zur Buchung	ab 114,00 EUR Verfügbarkeit prüfen
Köln Hbf Hamburg Hbf	So, 22.04.07 So, 22.04.07	ab an	11:10 15:12	4:02	0	IC	280,00 EUR Zur Buchung	ab 105,00 EUR Verfügbarkeit prüfen
Köln Hbf Hamburg Hbf	So, 22.04.07 So, 22.04.07	ab an	11:13 15:12	3:59	1	IC	280,00 EUR Zur Buchung	ab 105,00 EUR Verfügbarkeit prüfen

„Du kannst jetzt eine von den Rückfahrtmöglichkeiten wählen und ***Zur Buchung*** anklicken. Aber schau doch auch unbedingt in der Tabelle in der rechten Spalte, welche Sparpreise die Bahn im Angebot hat. Den vollen Fahrpreis zahlen ja heute nur noch Leute, die das von der Steuer absetzen oder als Spesen mit ihrer Firma abrechnen können – und natürlich die Dummen, die nicht verstehen, wie man Sparpreise findet. Klick mal vor dem Buchen noch ***Verfügbarkeit prüfen*** bei den Sparpreisen zu deinem Zug an."

Vor dem Buchen auch die Sparangebote beachten!

Adobe Reader 7.0

Den Adobe Reader kann man kostenlos herunterladen.

„Da der ***Sparpreis 50*** noch verfügbar ist, wirst du natürlich nicht den Preis mit 25 Prozent Ermäßigung buchen. Du als Pensionär wirst dir bei nicht verfügbaren Sonderpreisen lieber einen anderen Reisetag aussuchen, an dem es noch Sparpreise mit 50 Prozent Ermäßigung gibt. Wenn du jetzt auf ***Zur Buchung*** klickst, hast du die Wahl zwischen einem Ticket zum Selbstausdrucken oder der Fahrkarte per Postzustellung."

Das Online-Ticket erhält man sofort – im Gegensatz zur Fahrkarte per Post.

„Fahrkarte per Post hast du ja nicht nötig, denn du hast einen PC, das Programm ***Adobe Reader*** zum Ausdrucken der Fahrkarte und eine hoffentlich noch nicht abgelaufene Kreditkarte von deiner Sparkasse, mit der du dich ausweisen und bezahlen kannst. Also bestellst du mit dem Pünktchen vorm Kreis das ***Online-Ticket*** zum Selbstausdrucken. Die Sitzplatzreservierung ist praktischerweise schon mit dabei."

„Hast mal wieder was bei mir gelernt, Opa! Aber zugegeben, ich hatte auch keine Ahnung und habe mich durch die übersichtlichen Anweisungen der Bahn auf dem Bildschirm bis hierher durchgefummelt. Ausprobieren nach der Methode *Versuch und Irrtum* funktioniert im Internet immer!

Du kannst dir aber unter ***Planen & Buchen*** auch selber noch Zusatzinfos holen, wie das mit dem ***Online-Ticket*** läuft. Da ist das alles ganz sauber erklärt."

Unter „Planen & Buchen" werden alle wichtigen Schritte zur Online-Buchung verständlich erklärt.

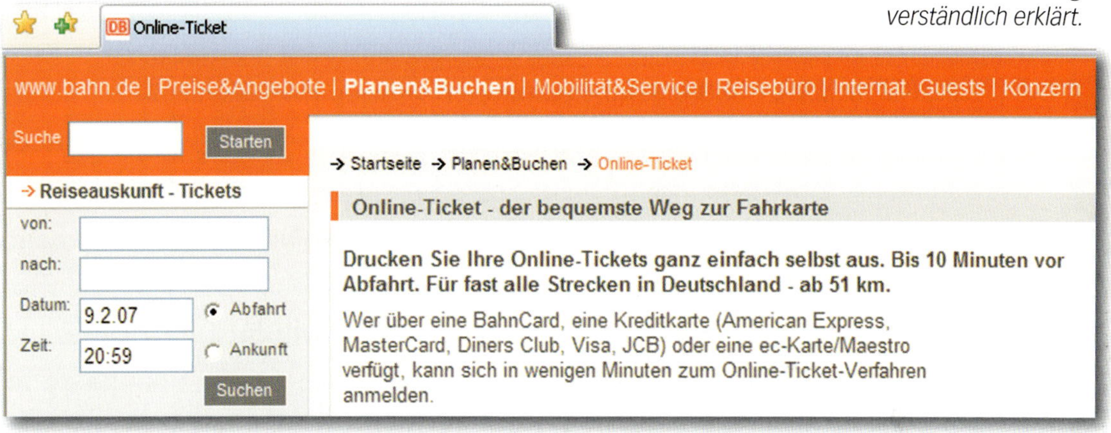

„Du siehst, es ist alles zum Nachlesen über das ***Online-Ticket*** angeboten. Du brauchst es nur durchzulesen, um es selbst zu können!"

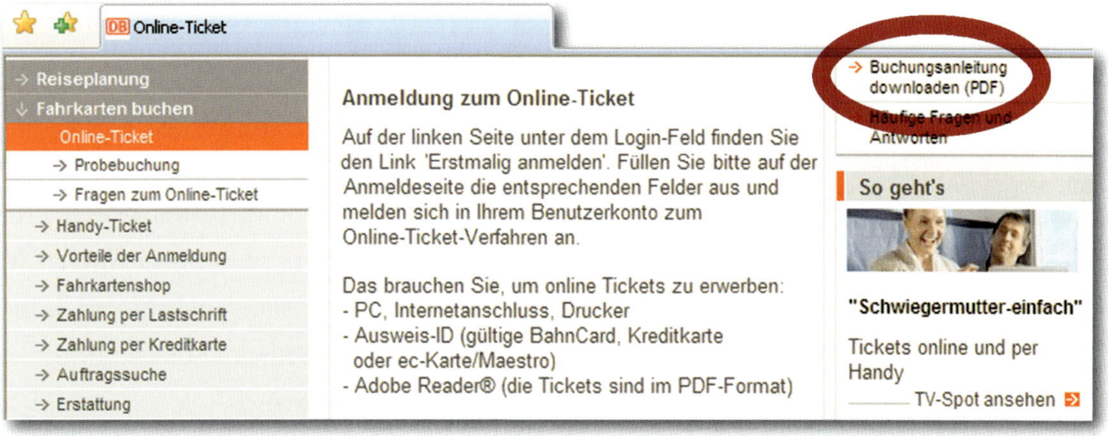

„Ich mache dir noch eine kurze Aufstellung, wie du zu dieser Schritt-für-Schritt-Anleitung kommst."

DREI SCHRITTE ZUR ANLEITUNG

1. Startseite *Planen & Buchen* anklicken.
2. *Rund um die Buchung* anklicken.
3. *Online-Ticket* anklicken.

„Dort bekommst du einen Erklärungstext über die einzelnen Schritte einer Buchung, aber besser als ich erklären die bei der Bahn dir das auch nicht.

Diese Information kannst du dir kostenlos unter ***Buchungsanleitung downloaden*** herunterladen und ausdrucken, damit du sie immer dann zur Hand hast, wenn du mal verreisen möchtest. Experimentier halt herum, ohne eine Fahrkarte zu bestellen. Das geht sogar völlig gefahrlos unter ***Probebuchung durchführen.*** Und solange du nicht Namen, Passwort oder Kreditkartennummer preisgibst, kann beim Surfen nichts passieren! Aber je mehr du übst, desto sicherer wirst du auch das Bestellen von Fahrkarten im Internet beherrschen."

Jetzt packt mich der Ehrgeiz. Ich will im Juni zu meinem Verleger nach Köln fahren und meine neuen Kenntnisse in eine Online-Bahnfahrkarte investieren. Die erste Panne erlebe ich, als ich meine bessere Hälfte mitnehmen möchte. Dreimal muss ich den Vorgang abbrechen, weil ich immer nur die Karte für einen Erwachsenen und ein Kind angeboten bekomme. Ein Anruf beim Enkel bringt Hilfe: „Opa, da steht gleich auf der zweiten Seite unter ***Reisende*** ein Kästchen mit ***1 Erwachsener.*** Darunter siehst du den Link ***Reisende hinzufügen.*** Wenn du da draufklickst, erhältst du die Möglichkeit, weitere Reisende anzugeben. Klick auf das kleine Dreieck rechts vom jeweiligen Feld." Ich probiere es aus und meine Frau kann doch mitfahren. Jetzt funktionieren alle weiteren Schritte immer mit dem Sparpreis für zwei Erwach-

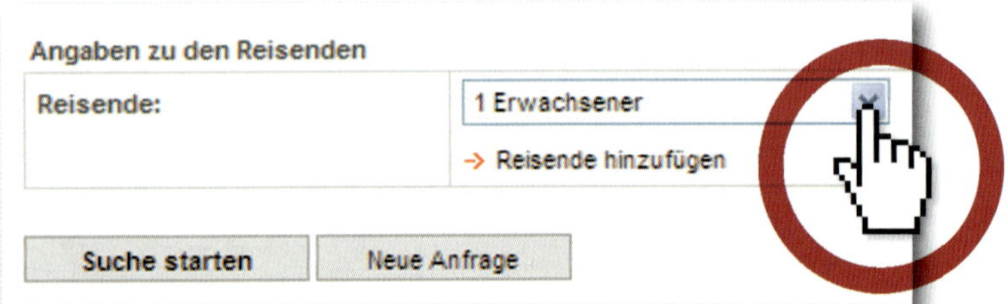

Auf den Haken klicken und die Personenzahl wählen.

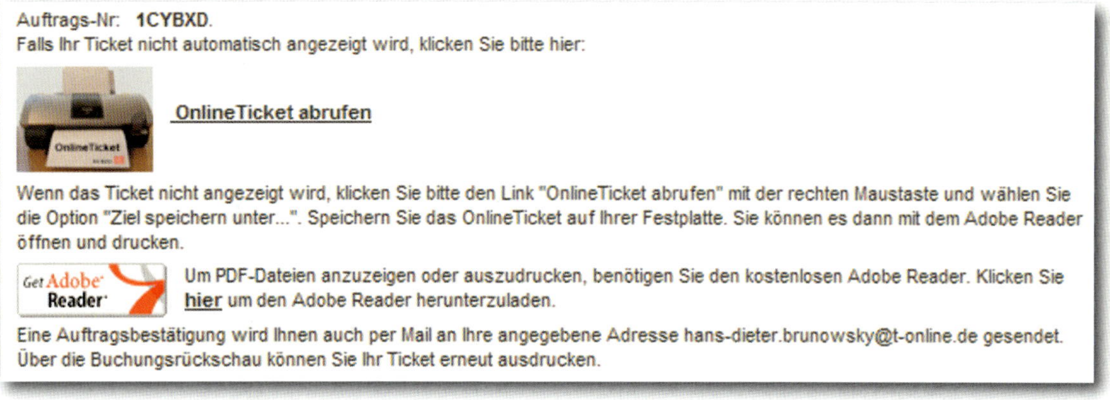

sene und der entsprechenden Zahl von Sitzplätzen. Ich arbeite mich Schritt für Schritt nach den Anweisungen der Bahn zum ***Online-Ticket*** vor. Da ich einen ***Adobe Reader*** auf dem PC habe, klicke ich mutig auf ***Online-Ticket abrufen.*** Leider besitze ich wohl eine alte Version dieses Anzeigeprogramms. Aber ich habe gelernt, nicht aufzugeben!

Also weiter zwei Absätze tiefer: ***Adobe Reader kostenlos herunterladen.*** Das funktioniert problemlos. Aber wo ist jetzt mein Ticket? Im Ordner ***Eigene Dateien*** und dort unter ***Downloads*** finde ich es wieder.

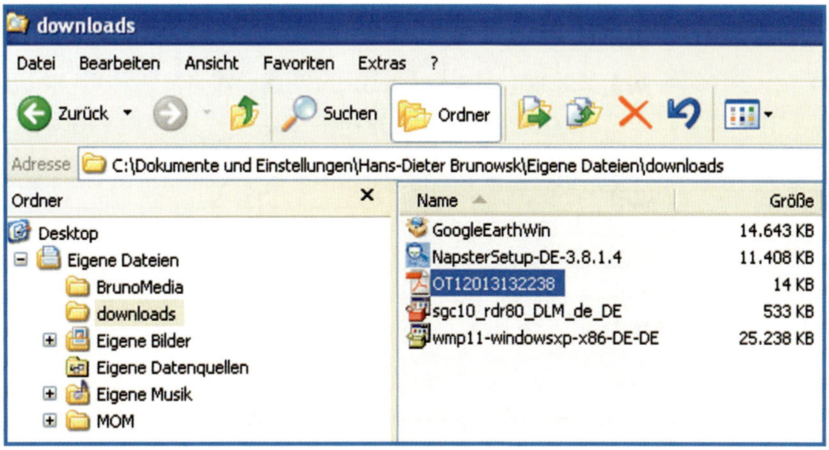

Ich doppelklicke es, und nach kurzer Zeit geschieht ein Wunder: Auf dem Bildschirm erscheint meine Fahrkarte. Sie lässt sich jetzt problemlos ausdrucken.

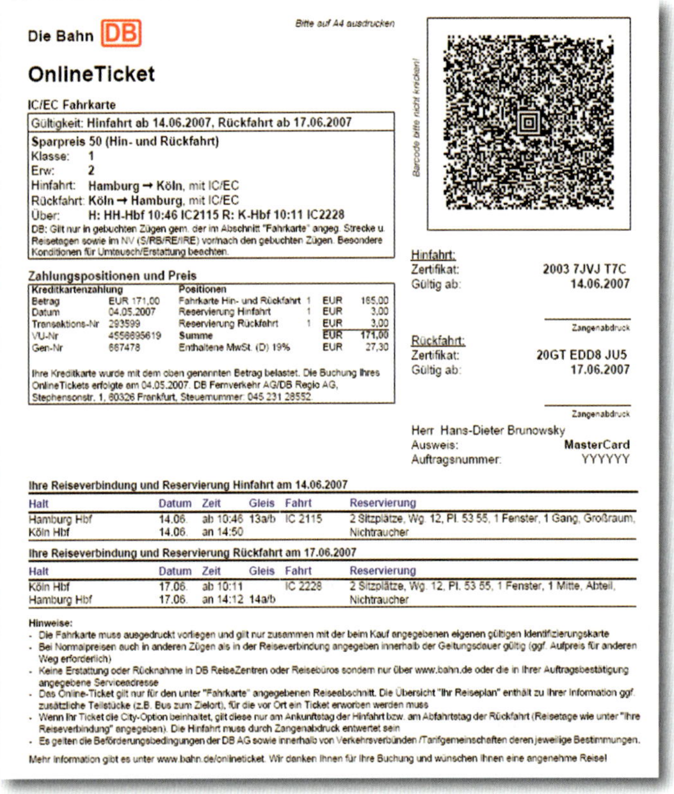

Die Bahn DB

Bitte auf A4 ausdrucken

OnlineTicket

IC/EC Fahrkarte

Gültigkeit: **Hinfahrt ab 14.06.2007, Rückfahrt ab 17.06.2007**

Sparpreis 50 (Hin- und Rückfahrt)
Klasse: **1**
Erw: **2**
Hinfahrt: **Hamburg → Köln**, mit IC/EC
Rückfahrt: **Köln → Hamburg**, mit IC/EC
Über: **H: HH-Hbf 10:46 IC2115 R: K-Hbf 10:11 IC2228**
DB: Gilt nur in gebuchten Zügen gem. der im Abschnitt "Fahrkarte" angeg. Strecke u. Reisetagen sowie im NV (S/RB/RE/IRE) vor/nach den gebuchten Zügen. Besondere Konditionen für Umtausch/Erstattung beachten.

Barcode bitte nicht knicken!

Zahlungspositionen und Preis

Kreditkartenzahlung		Positionen			
Betrag	EUR 171,00	Fahrkarte Hin- und Rückfahrt	1	EUR	165,00
Datum	04.05.2007	Reservierung Hinfahrt	1	EUR	3,00
Transaktions-Nr	293599	Reservierung Rückfahrt	1	EUR	3,00
VU-Nr	4556695619	**Summe**		EUR	171,00
Gen-Nr	667478	Enthaltene MwSt. (D) 19%		EUR	27,30

Ihre Kreditkarte wurde mit dem oben genannten Betrag belastet. Die Buchung Ihres OnlineTickets erfolgte am 04.05.2007. DB Fernverkehr AG/DB Regio AG, Stephensonstr. 1, 60326 Frankfurt, Steuernummer: 045 231 28552.

Hinfahrt:
Zertifikat: **2003 7JVJ T7C**
Gültig ab: **14.06.2007**

Zangenabdruck

Rückfahrt:
Zertifikat: **20GT EDD8 JU5**
Gültig ab: **17.06.2007**

Zangenabdruck

Herr Hans-Dieter Brunowsky
Ausweis: **MasterCard**
Auftragsnummer: YYYYYY

Ihre Reiseverbindung und Reservierung Hinfahrt am 14.06.2007

Halt	Datum	Zeit	Gleis	Fahrt	Reservierung
Hamburg Hbf	14.06.	ab 10:46	13a/b	IC 2115	2 Sitzplätze, Wg. 12, Pl. 53 55, 1 Fenster, 1 Gang, Großraum,
Köln Hbf	14.06.	an 14:50			Nichtraucher

Ihre Reiseverbindung und Reservierung Rückfahrt am 17.06.2007

Halt	Datum	Zeit	Gleis	Fahrt	Reservierung
Köln Hbf	17.06.	ab 10:11		IC 2228	2 Sitzplätze, Wg. 12, Pl. 53 55, 1 Fenster, 1 Mitte, Abteil,
Hamburg Hbf	17.06.	an 14:12	14a/b		Nichtraucher

Hinweise:
- Die Fahrkarte muss ausgedruckt vorliegen und gilt nur zusammen mit der beim Kauf angegebenen eigenen gültigen Identifizierungskarte
- Bei Normalpreisen auch in anderen Zügen als in der Reiseverbindung angegeben innerhalb der Geltungsdauer gültig (ggf. Aufpreis für anderen Weg erforderlich)
- Keine Erstattung oder Rücknahme in DB ReiseZentren oder Reisebüros sondern nur über www.bahn.de oder die in Ihrer Auftragsbestätigung angegebene Serviceadresse
- Das Online-Ticket gilt nur für den unter "Fahrkarte" angegebenen Reiseabschnitt. Die Übersicht "Ihr Reiseplan" enthält zu Ihrer Information ggf. zusätzliche Teilstücke (z.B. Bus zum Zielort), für die vor Ort ein Ticket erworben werden muss
- Wenn Ihr Ticket die City-Option beinhaltet, gilt diese nur am Ankunftstag der Hinfahrt bzw. am Abfahrtstag der Rückfahrt (Reisetage wie unter "Ihre Reiseverbindung" angegeben). Die Hinfahrt muss durch Zangenabdruck entwertet sein
- Es gelten die Beförderungsbedingungen der DB AG sowie innerhalb von Verkehrsverbünden /Tarifgemeinschaften deren jeweilige Bestimmungen.

Mehr Information gibt es unter www.bahn.de/onlineticket. Wir danken Ihnen für Ihre Buchung und wünschen Ihnen eine angenehme Reise!

Das ist ein gutes Gefühl, denn ich hatte schon das Abbuchen von meiner Kreditkarte eingeleitet und wäre gekniffen gewesen, wenn ich das Drucken nicht doch noch hingekriegt hätte. „Learning by doing“, kommentiert der Enkel diese Leistung später – mit einem Hauch von Anerkennung für seinen Schüler. Das ***Online-Ticket*** gut aufbewahren, sodass man es vor der Abreise nicht lange suchen muss! Es lässt sich zum Glück aber auch noch mal ausdrucken.

Pauschalreisen vergleichen und buchen

Mein Enkel Maximilian ist zwar ein Ass im schnellen Klicken. Aber Flugreisen hat er mit seinen 16 Jahren natürlich noch nicht selber gebucht. Wir müssen uns also wieder ein Gebiet in Teamarbeit selber erschließen, von dem wir beide keine Ahnung haben, denn natürlich habe auch ich noch nie eine Flugkarte im Internet bestellt. In solchen Fällen ist es hilfreich, jemanden zu fragen, bevor man sich dumm anstellt.

Ich erfahre von meiner Tochter, dass es zwei Möglichkeiten gäbe, Reisen im Internet zu buchen: einmal über einen Vermittler oder direkt beim Veranstalter. Der Vermittler bietet Reisen unterschiedlicher Veranstalter über die gleiche Suchmaske an, sodass man hier recht günstige Preise finden kann.

Vermittler:
www.travelchannel.de
www.expedia.de
www.billigerfliegen.de
www.opodo.de

Veranstalter:
www.tui.de
www.neckermann.de
www.ögertours.de

Der Veranstalter hat nur seine eigenen Reisen im Angebot. Ich lasse mir zum Experimentieren mit dem Enkel gleich ein paar Adressen geben.

Es frustriert einen natürlich total, wenn man eine Reise für 598 Euro gebucht hat und im Hotelzimmer nebenan jemand wohnt, der grinsend berichtet, beim Vermittler ein Schnäppchen für 298 Euro gemacht zu haben. Angeblich bekäme jeder Vermittler ein bestimmtes Kontingent an Sonderangeboten. Maximilian ist natürlich scharf darauf, ***Last-Minute-Angebote*** oder ***Frühbuchrabatte*** zu finden. Ich finde aber, dass man erst ein solides Angebot suchen sollte, bevor man sich auf Schnäppchenjagd wagt.

„Also Opa, du wolltest mit Oma doch immer schon mal nach Ägypten. Versuchen wir doch, so eine preiswerte Pauschalreise für euch zu finden. Gib mal in deinen Browser *www.billigerfliegen.de* ein!"

Ich gehe also oben in das Adressenfeld, klicke hinter die vorhandene Adresse, sodass sie blau wird. Noch ein Klick dahinter und diese dann mit der ***Rücktaste*** bis zum *www.* löschen. Dahinter schreibe ich aus dem Gedächtnis *billigfliegen.de* und warte auf die Pauschalreisen-Angebote:

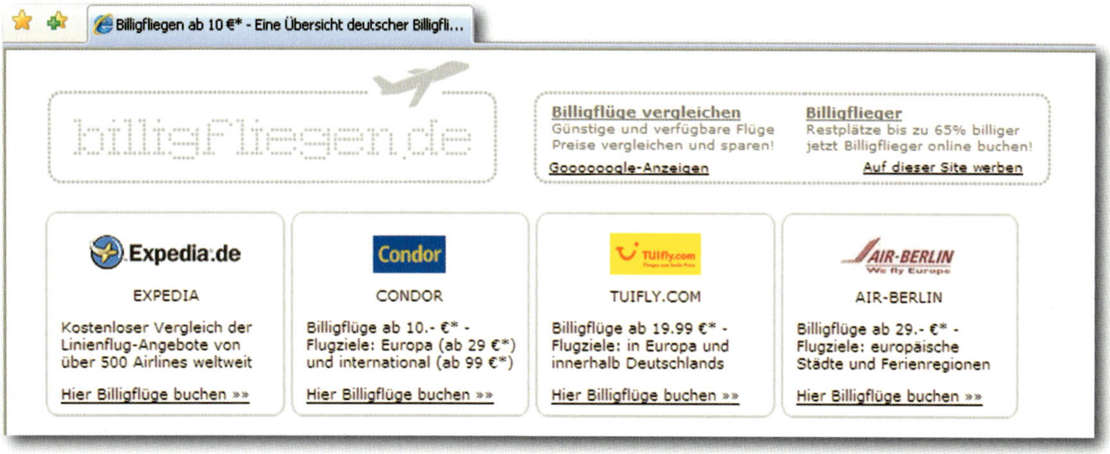

Mein Enkel, der in der Schule auch kein Ass in Rechtschreibung ist, lächelt mit einem Hauch von Überheblichkeit:

„Das kommt davon, wenn man nicht richtig abschreibt! Du hast die zwei Buchstaben *er* hinter *billig* ausgelassen! Deine Adresse sollte heißen *www.billigerfliegen.de.* Da hättest du die Pauschalreisen gefunden. Aber diese Seite ist natürlich auch nützlich, wenn du nur fliegen willst. Nimm sie mal zu deinen ***Favoriten!***“

Ich bin in mich zusammengesackt. Mir fällt ein, dass ich heute einen wichtigen Reißverschluss nicht hochgezogen hatte und zum Entsetzen meiner Frau so aus dem Haus gegangen war. Konzentrationsmangel, Anzeichen von Demenz – nur, weil man zwei Buchstaben ausgelassen hat! Aber mein Betreuer hat schon die richtige Adresse für mich eingetippt:

„So Opa, jetzt geh mal auf ***Pauschalreisen. Lastminute*** ginge wahrscheinlich auch, aber eine Reise im März ist vermutlich auch am Roten Meer nicht das Wahre. Sehen wir uns mal an, was jetzt angeboten wird.

Also, dass nennen wir eine Maske: Hier kannst du all deine Wünsche vom Zeitraum der Reise bis zur Zahl der Sterne des Hotels genau vorgeben.“

Meine Güte, ich habe gerade mal zwei Buchstaben zu wenig eingegeben und jetzt erklärt mein Enkel mir schon wieder solche Peanuts wie das Ausfüllen einer Maske… Ich muss den Burschen mal wieder etwas zurückpfeifen. Was ich alleine kann, dazu brauche ich keinen Rat vom Experten! Ich scrolle also herunter, setze noch einen Haken in das Viereck neben ***Direkte Strandlage*** und klicke ohne Beratung auf ***Angebote finden.***

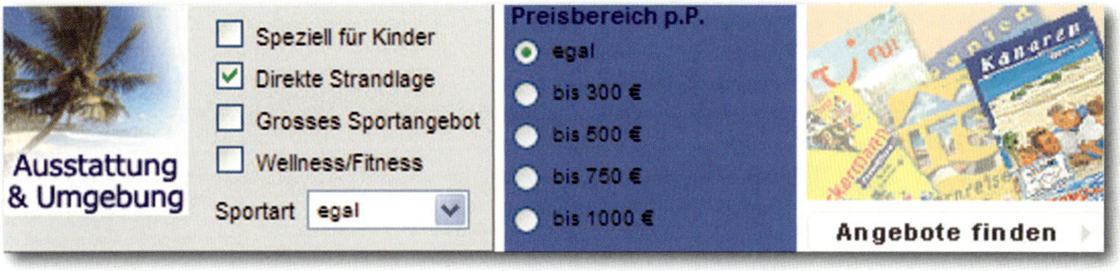

Und schon geht es munter weiter in der Reiseplanung:

Auch diese Seite kann ich ohne Schwierigkeiten mit meinem alten Kopf begreifen. In den oberen Reihen sind drei Regionen in Ägypten angeboten, in denen alle meine eingegebenen Wünsche erfüllbar sind, worauf die fünf lachenden ***Smileys*** hindeuten. Rechts stehen die Wochenpreise pro Person und daneben ist ein blauer Balken, mit dem man herunterscrollen kann, um sich weitere Regionen auf der arabischen Halbinsel anzusehen.

Je mehr Smileys, desto besser passt das Angebot zu meinen Vorgaben.

„Klick mal auf ***Hurghada & Safaga.*** Da waren wir schon mal mit Papa und Mama zum Tauchen im Roten Meer!“ Ich schenke mir die Bemerkung, dass ich 1964 mit einer Fregatte durch den Suezkanal gefahren bin. Aber hier nehme ich den Rat eines erfahrenen Ferienreisenden gern an, der dort Kamele geritten hat, und weiß, wie viele Kamele man in der Gegend für eine Europäerin einhandeln kann. Also klicke ich auf diesen Ort.

„Jetzt musst du aber selber auswählen, was du für Omas Urlaub ausgeben möchtest. Also drei Sterne ist ein bisschen dünn. Aber bei dem Hotel mit fünf Sternen ist bestimmt auch der Wurm drin, wenn es nur fünf Euro teurer ist. Klick mal so ein Hotelbild an. Und informier dich genauer.

Na bitte, hier kannst du dich über alle Einzelheiten informieren, bevor du mit einer Buchung zuschlägst. Klick auf alles, was du wissen willst.“

Hamburg	Do. 24.05.07	7 Tage	alltours	DZ/HP	565,- €	prüfen
Hamburg	Mo. 21.05.07	7 Tage	alltours	DZ/HP	574,- €	prüfen
Hamburg	Mo. 21.05.07	7 Tage	alltours	DZ/HP	574,- € FB	prüfen
Hamburg	Do. 17.05.07	7 Tage	alltours	DZ/HP	580,- € FB	prüfen
Hamburg	Do. 24.05.07	7 Tage	alltours	DZ/HP	580,- € FB	prüfen
Hamburg	Do. 03.05.07	7 Tage	alltours	DZ/HP	582,- €	prüfen

DZ *steht für Doppelzimmer*

HP *steht für Halbpension*

FB *steht für Frühbucherpreise*

„Na, das ist doch klar: Hier kannst du prüfen, welche der Pauschalreisen in dem von dir gewünschten Zeitraum mit Flug ab Hamburg noch frei sind. Achte mal auf das rote ***FB*** neben dem Preis. Da gibt es einen Frühbucherpreis für diese Reisen. Wähl mal eine Zeile aus und klick auf ***prüfen!***"

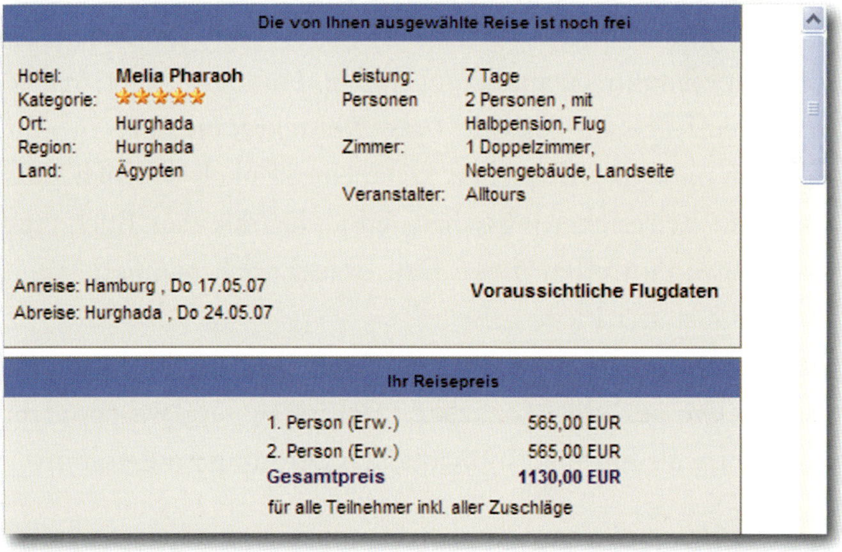

Nur durch Scrollen am rechten Rand werden alle Informationen sichtbar.

„Du musst natürlich rechts bis ganz nach unten scrollen, um alle Informationen vor der Buchung anzusehen und zu bewerten. Aber ich glaube, das Verfahren ist dir jetzt verständlich!"

Ich bin dankbar für dieses versteckte Lob und informiere mich jetzt einen Abend lang allein über die Hotels am Roten Meer, bevor ich die endgültige Genehmigung zur Buchung von meiner „Regierung" einhole, die dem Computer immer noch mit gesundem Misstrauen gegenübersteht.

Das Zahlen per Lastschrift, das hier angeboten wird, ist üblich und eigentlich auch ohne Risiko. Denn wenn etwas krummläuft, kann man es in der Regel bei der eigenen Bank innerhalb von sechs Wochen wieder problemlos zurückfordern.

Erst wenn ich alles kontrolliert habe, die Allgemeinen Geschäftsbedingungen anerkannt sind und mir alles passt, mache ich einen Klick auf das Feld ***Diese Reise jetzt buchen.***

Auch ohne das Klugschnacken meines Enkels weiß ich, dass es einen Reisesicherungsschein gibt, der mit den Buchungsunterlagen eintreffen muss. Den brauche ich nämlich, wenn der Veranstalter Pleite geht.

Aber ich muss zugeben: Das Buchen einer Pauschalreise ist bequem und die Möglichkeit, Preise zu vergleichen, nicht schlechter als bei einer individuellen Beratung im Reisebüro.

Interessante Angebote den Favoriten hinzufügen und so später schnell wiederfinden.

Billiger fliegen und Tickets buchen

Beim nächsten Besuch meines Enkels bin ich wild entschlossen, mich mit einer Eigenleistung zu profilieren. Mit meinen bei den Pauschalreisen erworbenen Fertigkeiten werde ich doch wohl noch ohne die Hilfe meiner Familie einen billigen Flug von Hamburg nach Köln und zurück buchen können. Maximilian schaut mir dabei kritisch auf die Finger, und ich spüre körperlich, wie es ihn juckt, mir die Maus abzunehmen und so flott damit zu arbeiten, wie das die mit Computerspielen aufgewachsene Jugend kann. Aber wir Senioren können alles auch – nur eben etwas bedächtiger!

Ich öffne meine Internetseite, klicke auf den ***Stern*** für die Favoritensuche. In der Liste findet sich schon ***Billigerfliegen.de.*** Ich bin sicher, dass die in der Startseite nicht nur Pauschalreisen anbieten, und öffne diese mit einem Klick. Hatte ich doch richtig in Erinnerung: Gleich links ist eine Maske für die Flugschnellsuche.

Mit Häkchen die Liste der Abflughäfen öffnen.

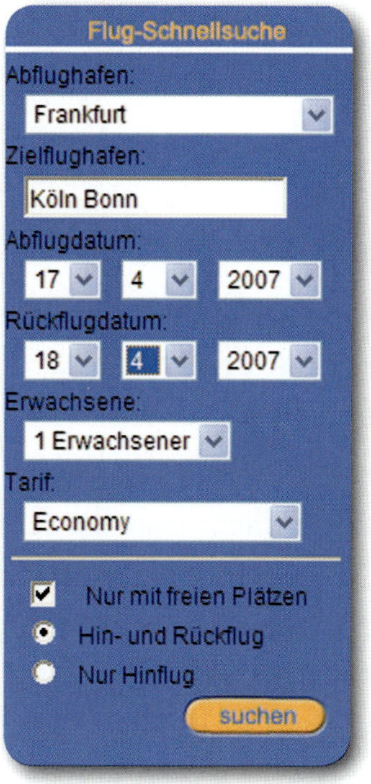

Mein vorlauter Berater hält es nicht mehr aus, als ich etwas ratlos lese, dass ich von Frankfurt aus abfliegen soll:

„Opa, klick einfach auf den Haken neben ***Frankfurt!*** Es öffnet sich dann eine Liste, aus der du dir was aussuchen kannst. Das ist beim Datum genauso. Bei jedem Klick auf den Haken wird dir die Auswahl von Monaten oder Tagen für Hin- und Rückflug angeboten. Nur den Zielflughafen musst du eintippen. Da kannst du Köln-Bonn eingeben. Alle anderen Angaben musst du wählen!“

Na ja, so ging das natürlich schneller. Ich klicke auf Hamburg, fülle den Zielflughafen mit den Worten *Köln Bonn* aus und wähle jetzt Tag und Monat für An- und Abflug mithilfe der kleinen Menüs der Reihe nach aus, bis die Schnellsuche wie oben abgebildet steht. Ohne den Experten zu fragen, klicke ich jetzt auf ***suchen.*** Da macht mir der Kleine nichts vor!

Durch Scrollen den Abflughafen sichtbar machen und anklicken.

	Fluggesellschaft	Hinflug		Rückflug		Typ
		Stops	Flugzeit	Stops	Flugzeit	
TUIfly.com	Hapag Lloyd Express	direkt	1:00	direkt	1:00	Sondertarif Lowcost
Lufthansa	Lufthansa	direkt	0:55	direkt	1:00	Normaltarif

Hapag Lloyd Express
12.98 EUR + Tax 65.17 (Sondertarif Lowcost)

	Datum	Abflug		Zielflughafen		Fluggesellschaft	Typ
Hinflug							
○ X3105	17.04.2007	07:00	Hamburg	08:00	Köln (Cologne/Bonn)	TUIfly.com	**0.99 EUR**
○ X3101	17.04.2007	08:35	Hamburg	09:35	Köln (Cologne/Bonn)		**55.99 EUR**
◉ X3107	17.04.2007	17:45	Hamburg	18:45	Köln (Cologne/Bonn)		**0.99 EUR**
○ X3109	17.04.2007	19:20	Hamburg	20:20	Köln (Cologne/Bonn)		**0.99 EUR**
Rückflug							
○ X3100	18.04.2007	07:05	Köln (Cologne/Bonn)	08:05	Hamburg		**0.01 EUR**
○ X3104	18.04.2007	08:30	Köln (Cologne/Bonn)	09:30	Hamburg		**16.98 EUR**
◉ X3106	18.04.2007	16:15	Köln (Cologne/Bonn)	17:15	Hamburg		**11.99 EUR**

Flug wählen mit einem Klick in den kleinen Kreis.

„Na bitte, Opa, das sind ja Traumpreise! Der Sondertarif ***Lowcost*** beim ***Hapag Lloyd Express*** kostet ohne Steuer nur 12,98 Euro hin und zurück. Da brauchst du nicht weiter zu suchen. Einen Tarif, bei dem du Geld bezahlt bekommst, wenn du mitfliegst, wird es wohl nicht geben!" Verständlich, dass der Abflug um 7.00 Uhr günstiger ist, als der um 8.35 Uhr… Wer dienstlich fliegt oder das Ticket von der Steuer absetzen kann, muss ja nicht für die paar Euro Ersparnis mitten in der Nacht aufstehen! Aber ich als Pensionär kann ruhig ein paar Euros sparen, wenn ich dafür um 6.00 Uhr auf dem Flughafen sein muss.

Aber da ich bei meinem Sohn übernachten kann, nehme ich doch einen Flug um 17.45 Uhr und am folgenden Tag eine Maschine, mit der ich zum Abendessen wieder bei der Familie sein kann. Ich klicke also Pünktchen in die Kreise an der linken Seite der Tabelle und gehe zum roten Balken mit dem Schriftzug ***Flug online buchen.*** Maximilian meldet sich ab zum Hockey: „Opa, das kannst du ja alles schon alleine!" Wo er recht hat, hat er recht!

Flug online buchen ✓

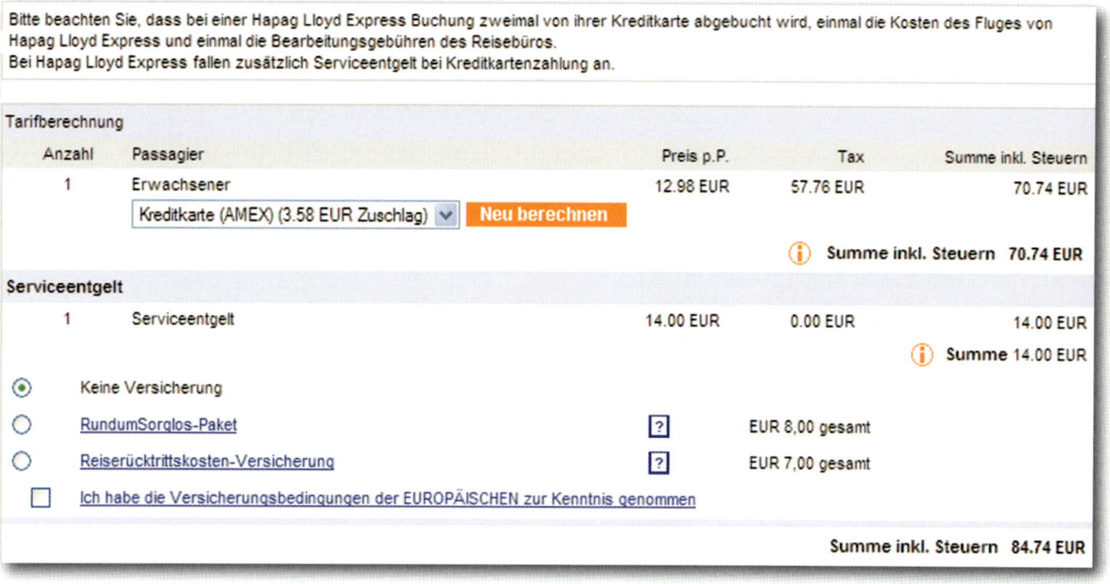

Bitte beachten Sie, dass bei einer Hapag Lloyd Express Buchung zweimal von ihrer Kreditkarte abgebucht wird, einmal die Kosten des Fluges von Hapag Lloyd Express und einmal die Bearbeitungsgebühren des Reisebüros.
Bei Hapag Lloyd Express fallen zusätzlich Serviceentgelt bei Kreditkartenzahlung an.

Tarifberechnung

Anzahl	Passagier	Preis p.P.	Tax	Summe inkl. Steuern
1	Erwachsener	12.98 EUR	57.76 EUR	70.74 EUR

Kreditkarte (AMEX) (3.58 EUR Zuschlag) Neu berechnen

Summe inkl. Steuern 70.74 EUR

Serviceentgelt

1	Serviceentgelt	14.00 EUR	0.00 EUR	14.00 EUR

Summe 14.00 EUR

Keine Versicherung
RundumSorglos-Paket ? EUR 8,00 gesamt
Reiserücktrittskosten-Versicherung ? EUR 7,00 gesamt
Ich habe die Versicherungsbedingungen der EUROPÄISCHEN zur Kenntnis genommen

Summe inkl. Steuern 84.74 EUR

Die Gebühren für den Flughafen sind oft höher als der Flugpreis beim Sonderangebot.

Habe ich mir doch fast gedacht, dass ich nicht fast umsonst fliegen kann: Schön klein gedruckt steht da oben, dass außer dem Flugticket noch Bearbeitungsgebühr vom Reisebüro und Servicegebühr bei Kreditkartenzahlung abgebucht werden. Trotzdem erscheint mir die Endsumme von 84,74 Euro preiswert. Dafür bekomme ich noch nicht einmal das Benzin für eine Fahrt nach Köln mit meinem Volvo …

Kreditkarte (AMEX) (3.58 EUR Zuschlag)
Kreditkarte (AMEX) (3.58 EUR Zuschlag)
Kreditkarte (DINERS) (3.58 EUR Zuschlag)
Kreditkarte (MASTER) (3.58 EUR Zuschlag)

Ich wähle meine Kreditkarte und klicke auf ***Neu berechnen.*** Dann fülle ich ein Formular mit meinen Daten aus. Etwas anstrengend ist, dass ich hier auf rotem Feld schreiben muss, was meinen alten Augen Probleme macht. Beim CVC-Code drücke ich auf ***Hilfe,*** weil ich nicht weiß, was das ist. Mit einer Abbildung von der Rückseite einer Kreditkarte wird erklärt, wo dieser zu finden ist. Den regelmäßigen ***Newslet-***

Ja, ich möchte den regelmässigen Newsletter abonnieren
Zahlungs- und Zustellungsart
Zahlung per:* Kreditkarte (MASTER) (3.58 EUR Zuschlag)
Kreditkartennummer:*
Gültig bis:* 02 2009
CVC - Code * 203 Hilfe

MIT KREDITKARTE EINKAUFEN?

Sicherheitssysteme minimieren das Risiko bei der Bezahlung im Internet mit Kreditkarte. Wird unberechtigt etwas in Rechnung gestellt, kann man es bei seiner Kreditkartengesellschaft reklamieren. Recht sicher ist auch die Bezahlung mit Bankeinzug. Denn dann lässt sich die Abbuchung in der Regel innerhalb von sechs Wochen stornieren.

ter bestelle ich natürlich nicht. Mit dem Klick auf ***Flug online buchen*** bin ich zum ersten Mal in meinem Leben auf dem Weg zu einer im Internet georderten Billig-Flugkarte. Das macht einen Senior schon sehr stolz. Vor allem, weil ich einiges schon ohne meinen Berater richtig gemacht habe.

Besondere Reisen

Fürs weite Reisen bin ich nicht mehr zu haben, aber manchmal kann man ja davon träumen. Mal sehen, ob auch die Leute mit dicker Brieftasche ihre Reisen im Internet buchen. Maximilian ist gleich Feuer und Flamme und surft wie ein Weltmeister auf der Suche nach Traumzielen durchs Netz:

„Gehe mal zu *www.dieschoenstenresorts.de.* Wähl mal die Bildergalerie an und träume vom Luxus, der dort geboten wird! Der Ablauf von Buchungsanfrage, Eingabe deiner Personaldaten und der E-Mail-Adresse ist auch hier derselbe. Und ich habe ich noch eine Adresse gefunden, die du zu deinen Favoriten nehmen solltest: *www.reisen.handelsblatt.com.* Leute, die das ***Handelsblatt*** lesen, dürften ja zu den besser betuchten Vertretern der Arbeiterklasse gehören und mehr für eine Reise ausgeben können als Pensionäre wie du! Aber im Internet hineinschnuppern, was da so läuft, macht doch einfach Spaß, oder?“

„Für schlappe 1629 Euro auf Fotosafari zu den Elefanten reisen, finde ich ja eigentlich sogar preiswert, Opa! Aber da gibt

es auch schöne Kurzreisen in europäische Städte, die sich eigentlich jeder leisten kann. Aber einmal im Leben in der Antarktis Wale beobachten, ist doch auch was Tolles!“

Mir genügt dieser Ausflug in das Gebiet der Luxusreisen. Mit 83 ist man ja gut beraten, Urlaub an der Ostsee zu machen, statt in Afrika zu schwitzen oder in der Antarktis zu frieren.

Reisewetterbericht und Wetterkarten finden

Wir haben gelernt, Bahnfahrkarten und Flugtickets im Internet zu buchen. Als passionierter Segler interessiert mich natürlich, ob man im Netz die Windvorhersage für einen Ostseetörn mit der eigenen Jacht bekommen kann. Mein Enkel wird dabei wenig hilfreich sein: Von Windverhältnissen und Seefahrt versteht er wenig und etwas bei ***Google*** finden kann ich auch selber. Als alter Seemann möchte ich natürlich eine richtige Wetterkarte mit eingezeichneten Tiefs und Hochs sowie den dazugehörigen Linien gleichen Luftdrucks. Ich hasse diese Fernsehbilder für Laien mit Sonnen, Wölkchen, Regentropfen und über den Schirm wandernden kleinen Windpfeilen. Mit einer traditionellen Wetterkarte kann man sich selber ausrechnen, wie der Wind drehen wird und so seinen Törn planen.

Aber alle Bemühungen sind umsonst. In der sehr nützlichen elektronischen Enzyklopädie ***Wikipedia*** unter *www.wikipedia.de* finde ich endlich so eine alte Wetterkarte, wie ich sie vor 30 Jahren benutzt habe. Die aktuellen Wetterberichte machen die Kachelmänner von heute nur noch für Benutzer ohne meteorologisches Basiswissen.

Ich suche also weiter bei ***Google*** nach Wettervorhersagen und klicke eine nach der anderen an. Schließlich öffne ich den folgenden Link:

Wie erwartet erschlägt mich unter *www.wetter.de* ein auf den ersten Blick düsteres blaues Bild mit allerhand Schnickschnack.

Aber wenn man näher hinsieht, erweist sich die Seite doch als ganz hilfreich. Man kann oben die Postleitzahl von Flensburg eingeben und erhält eine brauchbare Vorhersage für das Auslaufen aus der Förde, wenn man sich an die Wetterbildchen und Windpfeile gewöhnt hat, die auf dem nächsten Bild angeboten werden:

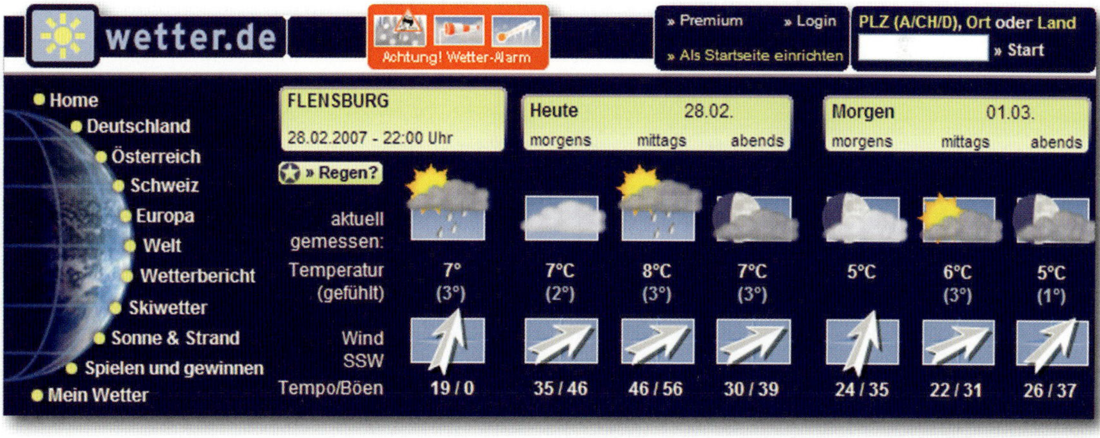

Die Bildchen für die Wetterlagen sind leicht zu verstehen.

Für eine Autofahrt ist das sicher ein lustiger Bilderbuchwetterbericht, auf dem man Postleitzahlen, Orte oder Länder eingeben kann, um sich zu informieren, wo die Sonne scheint oder wo man besser nicht hin sollte.

Ich suche aber weiter und werde unter der Adresse *www.wetteronline.de* fündig. Ich muss endlos hin- und herprobieren, aber schließlich finde ich dort eine Stelle, wo die Ostsee ange-

klickt werden kann. Und da habe ich auch meine Karte, wenn auch ohne Isobaren (Linien gleichen Luftdrucks, wie wir Seeleute sie gewohnt waren). Jetzt noch ***Belte u. Sund*** anklicken, und mein Segelrevier tut sich auf. Sehr befriedigt erkenne ich die bekannten Windpfeile, die mir zwei bis drei Windstärken aus Südwest vorhersagen. Wenn ich es noch genauer haben will, gehe ich auf die ***Region Seeland/Fünen*** und bekomme jetzt eine Tabelle (siehe rechts oben).

Die Pfeilsymbole für Windstärke und Richtung kennt jeder Segler.

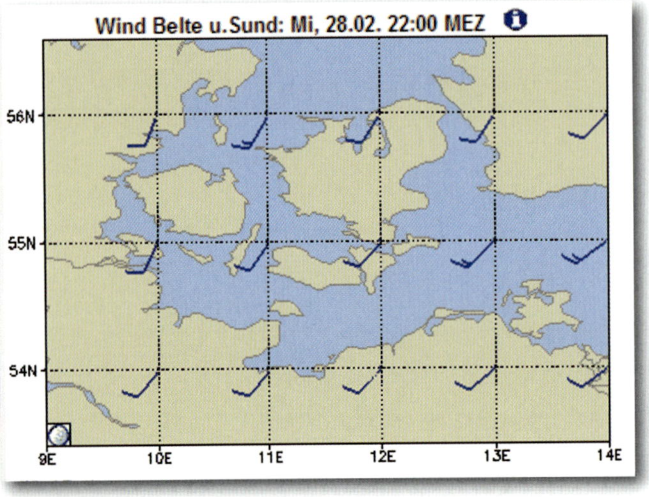

Ich kann also meinem kleinen EDV-Experten morgen melden: Hausaufgabe *Segel-Wetterbericht finden* erfolgreich erledigt. Mit diesen Angaben können wir eine Segeltour für die ersten drei Tage so planen, dass wir niemals gegen den Wind segeln müssen, was ja nach einer alten ostfriesischen Seemannsregel nicht geht, aber von Anfängern immer wieder versucht wird, die sich wundern, dass sie trotz dichter Schoten keine Fahrt machen …

Windvorhersage für die Region Seeland/Fünen

Ortszeit	Do, 01.03.	Fr, 02.03.	Sa, 03.03.
Vormittag	S 4	N 3	SW 2-3
Nachmittag	SW 3-4	NW 3	SW 2-3
Abend	SW 3	W 2-3	S 2

© WetterOnline Wetter Wind Trend E-Mail SMS drucken

(Windstärke in Beaufort)

Maximilian ist mit der Erledigung meiner Hausaufgaben zufrieden: „Übrigens Opa, du kannst im Internet natürlich auch die Wetterberichte der Fernsehanstalten ansehen. ***ARD*** und ***ZDF*** haben bestimmt einfache Adressen für ihren Namen. Probier doch mal aus, *www.ard.de* anzuklicken und dort den Wetterbericht zu finden!“

Es funktioniert tatsächlich. Schon auf der Startseite finde ich in einem großen blauen Kasten mit Nachrichten das gesuchte Wort ***Wetter.*** Als ich es anklicke, erscheint wieder das gewohnte Deutschlandbild mit Wölkchen …

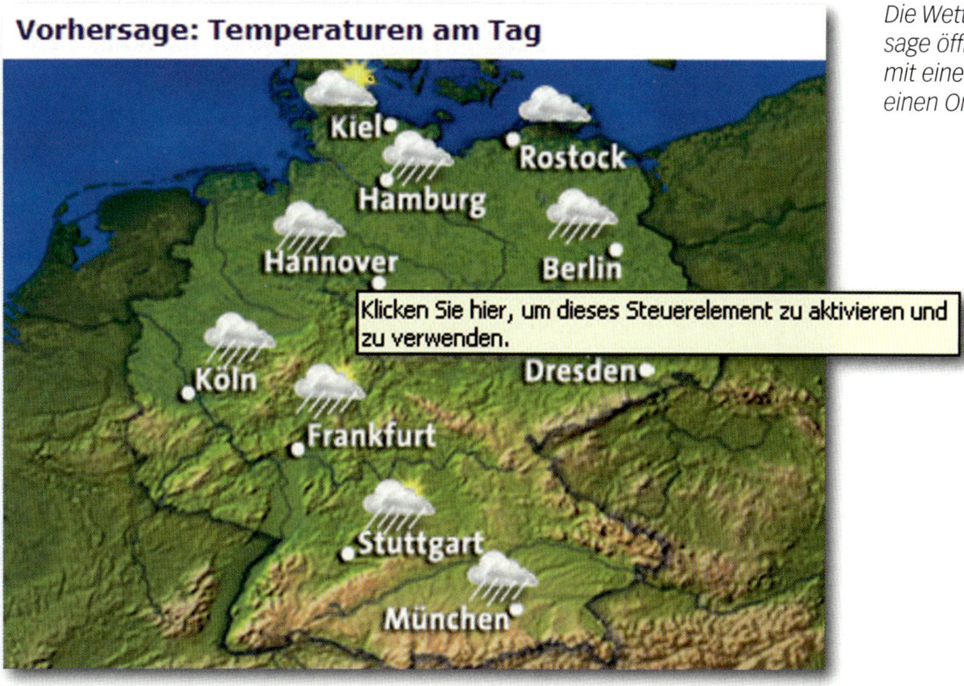

Die Wettervorhersage öffnet sich mit einem Klick auf einen Ortsnamen.

Ich bin natürlich neugierig, was passieren wird, wenn ich ein Steuerelement aktiviere, gehe mit der Maus auf ***Kiel*** und klicke.

„Siehst du, Opa, das verstehst ja sogar du mit einem Blick: In Kiel kommt die Sonne etwas hinter den Wolken hervor, und es wird kühle sechs Grad Tagestemperatur dort oben haben. Kein Wetter zum Segeln, aber doch eine schöne Spielwiese, um vor dem Computer meteorologische Experimente auf dem Bildschirm zu machen!“

Ich muss ihm recht geben, die Seiten von ***ARD*** und ***ZDF*** sind sehr übersichtlich gestaltet, sodass sich auch Senioren hier gut zurechtfinden können. Ich nehme also *www.ard.de* und *www.zdf.de* in die Liste meiner Favoriten auf.

Straßenpläne und Reiserouten drucken

Ich dachte eigentlich, dass meine Internetfähigkeiten für mich jetzt reichen. Mein Enkel ist da ganz anderer Auffassung: „Du glaubst gar nicht, was es da für dich alles noch an tollen Möglichkeiten gibt! Du musst natürlich ein wenig Werbung ertragen. Hier kannst du nicht, wie du das beim Fernseher machst, einfach wegschalten, sobald die Reklame anfängt …“

Ich gebe ja zu, dass ich manchmal genervt das Fernsehprogramm wegdrücke, wenn man mich beim Kaffeetrinken zum Gebrauch einer Damenbinde überreden will oder meiner Frau die Vorzüge von Prostatapillen verkaufen möchte. Aber an ein wenig Werbung auf dem Bildschirm bin ich inzwischen gewöhnt.

„Wir haben doch im Kapitel ***Was ist Downloaden?*** so einen Globus auf unseren Desktop geholt. Den klicken wir jetzt an und dann geht's los mit dem Programm ***Google Earth.*** " Jetzt wird's richtig spannend: Der Bildschirm füllt sich mit allerlei Elementen. Erst erscheint ein Logo mit dem Namen ***Google Earth.*** Danach wird mitgeteilt, dass eine Anmeldung beim Server erfolgt. Und plötzlich sehe ich mit großem Erstaunen eine sich drehende Erde auf mich zukommen. Der Astronaut in mir wird lebendig. Das ist ja wirklich wie im Anflug mit einem Space Shuttle auf die Erde zu! Aber schließlich hört die Erde auf, sich zu drehen, und wir bekommen ein Standbild in einer den Schirm füllenden Großaufnahme.

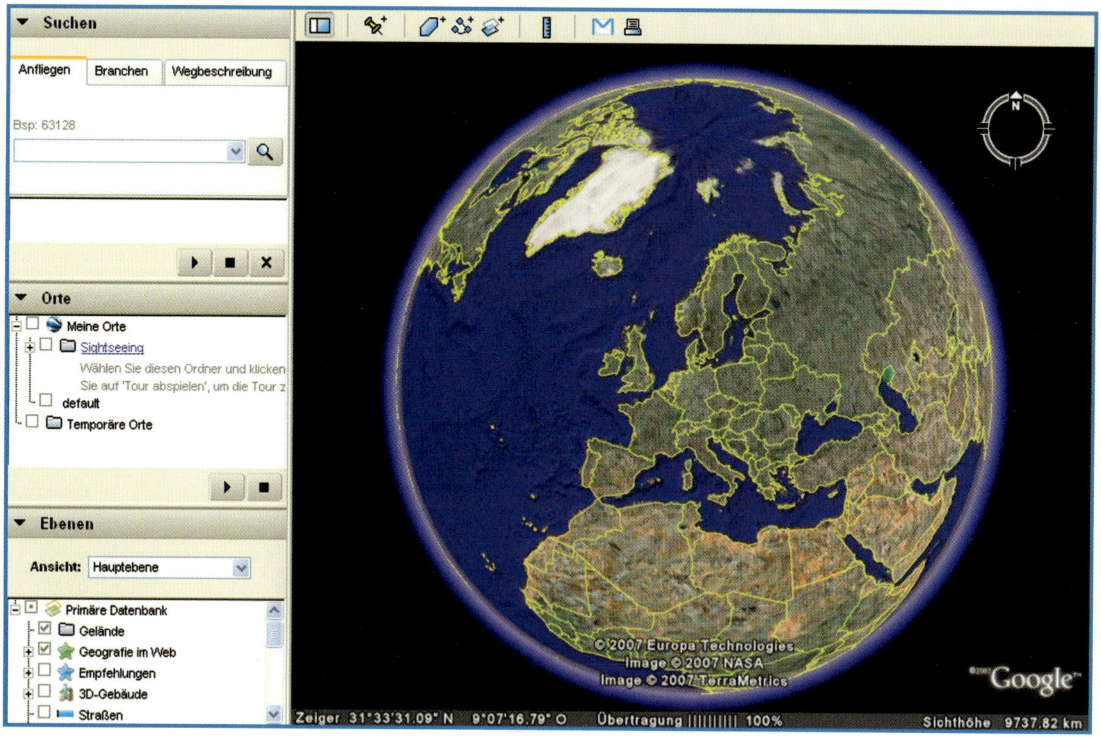

Links oben auf „Anfliegen" klicken, Ziel eingeben, Lupe anklicken, und die Reise beginnt.

Meine Raumfahrerromantik bekommt einen Knacks, als ich bemerke, dass man als Astronaut heute auch schon die Staatsgrenzen auf der Erde erkennt. Aber für uns Laien ist das natürlich zweckmäßig.

„So Opa, jetzt an die Arbeit: Wir wollen uns ja Bilder heranholen. Links oben findest du drei Reiter: ***Anfliegen, Bran-***

chen und ***Wegbeschreibung.*** Mit ***Branchen*** hast du nichts am Hut. ***Anfliegen*** ist ja ein schönes Hobby für Schreibtischpiloten. Wir wollen hier ***Wegbeschreibung*** ausprobieren

Nun interessiert mich natürlich gleich die Möglichkeit, mit diesem wunderbaren Instrument nicht nur etwas für meine Pilotenträume zu tun. Meine Tochter wohnt in der Nähe von Bremerhaven in einem kleinen Ort. Wir sind immer auf der Autobahn von Hamburg über Bremen dahin gefahren. Aber das ist natürlich ein böser Umweg. Mal sehen, ob ***Google Earth*** uns ein brauchbares Verfahren anbieten kann, einen Schleichweg über Land in dieses Nest zu finden.

Mein Enkel ist mal wieder ganz in seinem Element. Wenn er etwas begriffen hat, fängt er an, es mir zu erklären. Aber ich lasse ihm das Vergnügen, obwohl ich diese einfachen Schritte auch allein finden würde:

„Geh mal auf Wegbeschreibung und gib ***Von*** *Hamburg* ***Nach*** *Schiffdorf Sellstedt* ein!“

Diese Karte gefällt uns nicht besonders. Es ist nur deutlich, dass die kleinen Luftballons mit dem Zeichen ***II*** zu der Wegbeschreibung links gehören müssen, aber bei diesem Maßstab ist nichts Brauchbares auf dem Satellitenbild zu erkennen.

„Opa, jetzt nicht frustriert aufgeben. Siehst du links oben das unterstrichene Wort ***Druckversion?*** Probier es mal damit!“

Das sieht doch schon verständlicher aus, wie wir übereinstimmend finden. Dass man bei der langen Wegbeschreibung

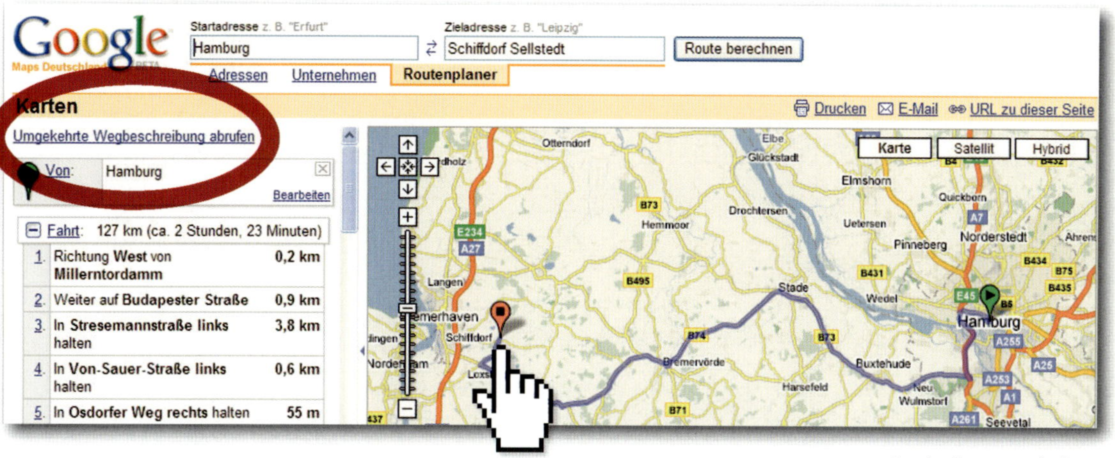

scrollen muss, ist uns klar. Man kann für die Rückfahrt die Route offenbar auch umgekehrt abrufen. Maximilian empfiehlt noch einen Klick auf den roten Endzielluftballon.

Auch die umgekehrte Folge der Route ist mit einem Klick oben links abrufbar.

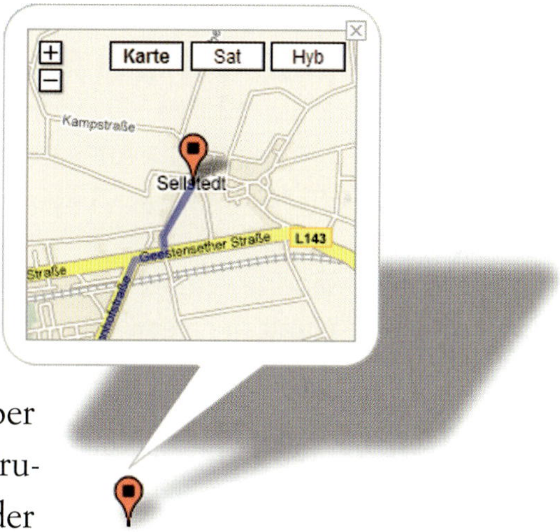

Sogar ein kleiner Stadtplan des Dorfes ist noch bereitgestellt. Jedenfalls werde ich mir diesen Wegeplan ausdrucken lassen und den ***Google Earth Routenplaner*** auch für andere Autofahrten nutzen. Ich habe aber Hemmungen, das Bild so abzudrucken, weil ja immer nur ein Teil der Wegpunkte im Kasten links erscheint. Maximilian aber entdeckt im gelben Balken oben rechts die Worte ***Drucken*** und ***E-Mail.*** Wir probieren das aus.

Respekt, Respekt: Die Route wird als handliche DIN-A4-Seite zum Drucken angeboten. Die perfekte Hilfe für einen Beifahrer mit kleiner Karte in der Hand, sodass man sich besser orientieren kann. Ich bin von dem ***Google Earth***-Paket voll überzeugt. Am besten lernt man es durch Ausprobieren kennen. Und das Beste: Es ist kostenlos und verzeiht jeden Fehler!

INFORMATION MACHT KLUG

Die Möglichkeiten, sich im Internet zu informieren und Meinungen auszutauschen, sind unendlich vielfältig. Nicht nur per E-Mail kann man sich etwas schreiben, sondern auch in sogenannten Foren. Dort findet Dialog ohne Verzögerung statt: das Chatten.

Kommunikation im Internet

Viele Leute, Politiker nicht ausgenommen, pflegen heute eine Meinung zu äußern, auch wenn sie keine haben. Natürlich ist es mühsam, sich eine Meinung zu bilden, eine Mühe, der sich manche nicht gern unterziehen, weil sie schon immer ihre Meinung hatten und krampfhaft nach anderen Leuten suchen, die der gleichen Meinung sind. Ich glaube, es war Mark Twain, der den Satz geschrieben hat:

> **Wir lieben die Leute, die frei heraus ihre Meinung sagen, vorausgesetzt, sie sind der gleichen Meinung, wie wir.**

Bisher gab's die Nachrichten vornehmlich aus der Tageszeitung.

Es gibt die böse Vermutung, dass die einzigen Leute, die sich für die Meinung anderer wirklich interessieren, die Meinungsforscher sind.

Aber Spaß beiseite. Meine Frau und ich sind auch in unserem hohen Alter immer noch bemüht, uns über das Tagesgeschehen zu informieren und uns zu den aktuellen Fragen eine Meinung zu bilden. Dazu gehört das Lesen der Tageszeitung beim Frühstück, ein Gespräch über das Gelesene und gelegentlich das meinungsbildende Wortgefecht danach.

Aber es gibt auch Gelegenheiten, bei denen ich statt einer Sendung über die Königshäuser, die meine Frau eingeschaltet hat, lieber die letzten Nachrichten sehen würde. Und bei so einem Anlass bitte ich meinen Enkel, mir doch das Angebot von Nachrichten im Internet zu erklären.

Interessante Nachrichtenquellen

„Nachrichten findest du auf jeder Startseite eines Fernsehsenders. Sogar die ***Telekom*** hat auf ihrer ersten Internetseite einen Link, mit dem du die letzten Nachrichten abrufen kannst. Leider findest du kaum eine Nachrichtenseite, auf der nicht auch Werbung aufleuchtet. Hier ist mal eine Reihe von Adressen, wo du Nachrichten finden kannst.

Nachrichten:
www.t-online.de
www.bild.t-online.de
www.tagesschau.de
www.sueddeutsche.de
www.spiegel.de
www.netzeitung.de

Schau dir auch einmal an, wie du bei ***T-Online*** zu den gesuchten Nachrichten kommst."

Auch T-Online bietet Nachrichten auf seiner Startseite an – wenn auch etwas versteckt …

„Ärger dich bitte nicht über das bunte Durcheinander, sondern such ein bisschen nach dem Wort ***Nachrichten.*** Es steht links unten. Aber du erreichst es wohl auch, wenn du oben den blauen Reiter ***Themen*** anklickst und dort auf der nächsten Seite auf ***Nachrichten*** gehst."

Ich probiere es aus. Die linke Spalte wird größer und auf dem Schirm erscheint ein lustiges Bilderbuch mit Fotos zu Sport, Wirtschaft und so weiter, in dem man nach Herzenslust herumklicken kann. Eher etwas für die Generation, die mit Comic-Heften statt mit Lesen herangewachsen ist. Ein besonderer Gag ist es, dass in einem Kasten die Schlagzeilen automatisch durchwandern, sodass man flink sein muss, um eine zu erwischen. Schauen wir uns noch einmal ein paar andere Angebote an, wo wir Nachrichten finden.

Schlagzeilen zu Themen, die einen interessieren, kann man per Klick auswählen.

„Ich würde es jetzt mal mit *www.bild.de* versuchen", meint Maxi, und ich folge dem Rat meines Experten, der vermutlich selber noch nie diese Nachrichtenseiten angeschaut hat, weil ihm seine Computerspiele für so etwas keine Zeit lassen.

„Opa, da kannst du dir ja den Weg zum Kiosk schenken, wenn du dir deine Meinung bilden willst. Die Macher von ***Bild*** sind ja sogar optimistischer als die bei ***Google.*** Sie nennen ihr Suchfeld ***Finden*** was ja suggeriert, dass man bei ***Bild*** alles findet, was man sucht. Hier kannst du oben in der Themenleiste wählen zwischen News, Leute, Sport bis hin zu Erotik. Aber das bleibt natürlich unter uns Männern."

Ein Wirrwarr von Farben und Bildern erfüllt den Bildschirm. Na fein: Hauptsache schön bunt. Der alte Gutenberg würde im Grab rotieren.

GUTE SEITEN, SCHLECHTE SEITEN

Es gibt auch beim Nachrichtenangebot im Internet für jeden Geschmack das Richtige. Täglich kommen neue Anbieter hinzu. Das Angebot ist unglaublich vielfältig. Nur Seiten, die einen wirklich ansprechen, nimmt man in seine Favoriten auf.

Ich tippe schließlich noch die Adresse *www.tagesschau.de* ein, und auf dem Bildschirm erscheint eine lange Liste von Nachrichtenthemen. Weiße Buchstaben auf blauem Grund, das ist doch ein anderes Niveau als schwarze Schrift auf hellem Bildschirm. Aber auch hier findet man oben eine Leiste, über die man schnell zu den Rubriken kommt.

Schließlich sehen wir uns noch eine reine Internetzeitung an, die überhaupt nicht mehr als Printmedium erscheint: *www.netzeitung.de* ist eine Adresse, die ich mir in den ***Favoriten*** speichere, denn als passionierter Zeitungsleser komme ich mit dieser Version noch am besten zurecht.

Ich lehne mich zufrieden zurück und entlasse dankbar meinen kleinen EDV-Berater. Mit den Nachrichten im Internet kenne ich mich jetzt so weit aus, dass ich allein darin herumsurfen kann. Aber gute Nachrichten zu finden, bleibt trotz allem schwierig, was wohl mit meinen vielleicht etwas antiquierten Wertevorstellungen zu tun haben dürfte.

Die Börse im Internet

Das Interesse meines Enkels an Börseninformationen ist altersbedingt noch mäßig. Ich verzichte also bei diesem Thema auf Beratung und näher mich ihm allein mit meinem bescheidenen Internetwissen. Natürlich gehe ich erst zu ***Google*** und schaue unter dem Stichwort ***Börse*** nach, was da so geboten wird. Und natürlich gehen meine ersten Versuche voll in die Hose: Mir wird geschmeichelt, was ich doch für ein gewitzter Spekulant wäre und ob ich nicht ohne Risiko dieses oder jenes Papier erwerben wolle. Aber ich will mich ja nur über das Verfahren informieren und nicht gleich über den Tisch gezogen werden. Geduldig klicke ich immer wieder mit dem Rückpfeil oben in der linken Ecke meines Browsers zur Fundliste bei ***Google*** und versuche die nächste Seite.

Über die Entwicklung an der Börse kann man sich im Netz informieren.

Es dauert ein wenig, aber Maximilian könnte auch nicht schneller etwas finden, wenn er keine Adressen in den Favoriten gespeichert hat. Endlich finde ich unter *www.finanztreff.de* eine Seite, die ich hier vorstellen kann:

Nun bin ich leider ein absoluter Laie auf dem Börsenparkett. Meine paar Kröten verwahre ich auf einem Sparbuch, wo ich sie ab und zu abholen und nachzählen kann, ob sie noch da sind.

Lernen muss Spaß machen, sonst wird erfahrungsgemäß nichts behalten. Aber ich kann schon mal zum Spaß einen Aktienkurs notieren und vier Wochen später nachsehen, was ich gewonnen oder verloren hätte, wenn ich die Papiere gekauft hätte.

Tops/Flops - DAX	26 · 1 · 3	
Name	Letzter	%
Bayer	43,89	+3,76
Volkswagen	100,00	+3,73
Deutsche Börs	161,10	+2,93
Adidas	36,20	+2,55
Deutsche Bank	99,19	+2,43
Dt. Postbank	62,48	+2,23
Siemens	80,09	+2,16
TUI AG	17,74	-0,78
BMW	42,44	-0,14
DaimlerChrysl	52,30	-0,10

QuickChart · Indexliste

Die Börsenprofis werden natürlich alle schon mit dem Internet arbeiten. Aber es ist doch interessant zu sehen, welche Unterstützung sie hier für ihre Spekulationen finden können. Schauen wir uns einfach noch ein paar Seiten zum Vergnügen an.

Mit ein wenig Geschick findet man zum Beispiel die Tops und Flops des DAX, die ich mir hier als Auszug einer Seite vergrößert habe. Mit einem Suchwerkzeug (***Suchtool***) habe ich herausgefunden, wo man seine Aktie eingibt und dann vergleichen kann, wie sie an den verschiedenen Börsen steht. Man muss schon ganz schön große Aktienpakete haben, damit es einen interessiert, ob so ein Pa-

* Name oder Symbol: BASF — Gattung: Aktien — Märkte: Alle Märkte — Suchen

(*) Pflichtfelder

Liste alle verfügbaren Börsenplätze

ERGEBNIS DER WERTPAPIERSUCHE NACH BASF (1 - 14 von insgesamt 14 Ergebnissen)

Name	Symbol	ISIN	WKN	Börse	Gattung	Letzter Kurs	Veränderung	Volumen
Basf AG	BAS.DE	DE0005151005	515100	Xetra	Aktie	78.46€ 17:35 Uhr	+0.59%	3,254,814
Basf AG	BAS.F	DE0005151005	515100	Frankfurt	Aktie	78.60€ 19:39 Uhr	+0.43%	52,170
Basf AG	BAS.SG	DE0005151005	515100	Stuttgart	Aktie	78.40€ 18:54 Uhr	+0.26%	23,730
Basf AG	BAS.MU	DE0005151005	515100	München	Aktie	78.51€ 19:03 Uhr	+0.31%	2,680
Basf AG	BAS.HM	DE0005151005	515100	Hamburg	Aktie	78.06€ 14:38 Uhr	+0.08%	405
Basf AG	BAS.HA	DE0005151005	515100	Hannover	Aktie	78.30€ 17:33 Uhr	+0.95%	389
Basf AG	BAS.DU	DE0005151005	515100	Düsseldorf	Aktie	78.39€ 17:43 Uhr	+0.53%	1,278
Basf AG	BAS.BE	DE0005151005	515100	Berlin	Aktie	78.05€ 15:51 Uhr	+0.01%	234
BASF AG SP.ADR	BASA.BE	US0552625057	936785	Berlin	ADR	77.29€ 09:10 Uhr	+0.30%	0

pier in Frankfurt 78,60 oder in Stuttgart 78,40 kostet. Interessanter ist da schon eine Liste der Top-Gewinner wie ich sie über *http://de.finance.yahoo.com* mit ein paar Klicks gefunden habe:

DAX | MDAX | SDAX | HDAX | EuroStoxx 50 | Dow Jones | NASDAQ | NYSE | AMEX

WKN	Name	Letzter Kurs	Veränd.	Volumen	Infos
575200	BAYER	43,89 € 17:35	↑ 1,59 (3,76%)	8.862.707	Mehr
766400	VOLKSWAGEN	100,00 € 17:35	↑ 3,60 (3,73%)	11.061.122	Mehr
581005	DEUTSCHE BOERSE N	161,10 € 17:35	↑ 4,58 (2,93%)	1.165.648	Mehr
500340	ADIDAS	36,20 € 17:35	↑ 0,90 (2,55%)	3.689.470	Mehr
514000	DEUTSCHE BANK N	99,19 € 17:35	↑ 2,35 (2,43%)	6.292.514	Mehr
800100	DEUTSCHE POSTBANK N	62,48 € 17:35	↑ 1,36 (2,23%)	789.259	Mehr
723610	SIEMENS N	80,09 € 17:35	↑ 1,69 (2,16%)	8.875.148	Mehr
623100	INFINEON TECHNO N	11,49 € 17:35	↑ 0,23 (2,04%)	8.664.345	Mehr
761440	E.ON AG	99,99 € 17:35	↑ 1,98 (2,02%)	6.749.113	Mehr
543900	CONTINENTAL AG	95,27 € 17:35	↑ 1,87 (2,00%)	1.569.422	Mehr

Die Entwicklung der Börsenkurse ist übersichtlich dargestellt.

Stolz zeige ich am nächsten Abend meinem Enkel, was ich jetzt alles über Börsenkurse, die ich gar nicht brauche, weiß. Sein Kommentar ist frustrierend:

„Opa, das ist ja schön und gut, wenn du das kannst. Aber Oma lässt dich doch sowieso nicht euer Gutes in bar an der Börse riskieren. Lass uns lieber im Netz etwas suchen, was du zu deinem Hobby machen kannst. Wie wäre es zum Beispiel, wenn wir zusammen eine eigene Seite im Internet für dich anlegen würden?“

Ich weiß zwar nicht, was das bringt, aber man soll ja Vorschläge der jungen Generation in Erwägung ziehen, solange es sich nicht darum handelt, welche Musik die schönerc ist.

Eine eigene Internetseite? Warum nicht!

„Opa, jetzt sind wir doch schon so fit im Internet, dass wir eine eigene Internetseite, eine sogenannte ***Homepage,*** für dich anlegen könnten!“ Mein Enkel fängt an, sich selbst zu überschätzen. Weder er noch ich haben die leiseste Ahnung, wie man so etwas macht. Und ich weiß schon überhaupt nicht, was das soll. Auch finde ich die Vorstellung absurd, in einer E-Mail Leute zu bitten, doch meine ***Homepage*** zu besuchen. Ich bin zwar durch den ständigen Umgang mit mir selber etwas verwöhnt, aber doch nicht so eitel, mein relativ unwichtiges Leben vor der ganzen Öffentlichkeit auszubreiten. Bevor wir also an so ein Projekt herangehen, ziehe ich mal Erkundigungen darüber ein, wer so eine ***Homepage*** – also eine eigene Seite im Internet – hat und was wir alten Leute damit sollen.

Natürlich ist mir bekannt, dass jede Firma Öffentlichkeitsarbeit im Internet betreiben muss, damit sich ihre Kunden informieren können. Aber ich habe weder eine Firma noch genügend Selbstdarstellungsbedürfnis, um mich der weiten Welt zu präsentieren.

Dann lese ich einen Kommentar über die Gepflogenheiten in den USA, von wo aus ja alles zu uns herüberschwappt. Vom Kaugummi bis zum Cheeseburger verdanken wir jede moderne Unsitte der Ansteckung durch unsere Nachbarn von der anderen Seite des großen Teichs.

Und in eben diesem Land wird die ***Homepage*** als eine Art Rauchzeichen der indianischen Spätkultur gepflegt. Briefeschreiben ist ja von vorgestern. Das Schreiben von E-Mails erfordert Rechtschreibkenntnisse, die langsam abhandenkommen. Die ***Homepage*** ist die Kommunikationsform der Zukunft. Man stellt einfach Bilder von Kindern und Enkeln ins Netz und freut sich an der Statistik, die einem meldet, wie viele Internetnutzer die eigene Seite besucht haben. Wenn ich also eine Homepage besitze, bin ich der Kommunikation in unserem Lande um drei Jahre voraus. Denn das ist etwa die Zeit, die eine amerikanische Neuerung braucht, um bei uns Mode zu werden.

HOMEPAGE-PROGRAMME

Eine Homepage ist die eigene Seite im Internet, auf der man sich vorstellen kann oder auf der man seine persönlichen Ansichten kundtut. Es gibt eine Vielzahl von Portalen, die einem dabei Unterstützung anbieten, solch eine persönliche Seite einzurichten – meist gegen Gebühren, zum Teil aber auch kostenlos.

Und wer will seiner Zeit nicht voraus sein? Also gehe ich mit meinem Enkel an die Planung einer eigenen Internetseite heran. Angeblich soll das ja nicht einmal etwas kosten, wenn man weiß, wo es dafür Gratisangebote gibt.

Maximilian sucht mir dazu schon ein Angebot über ***Google*** heraus, damit wir uns über die Planung einer Homepage informieren können. Er hat schnell etwas unter dem Suchbegriff ***Homepage planen*** gefunden, die Adresse lautet *www.quermania.de.* Allerdings wollen die sehr viel Geld für die Einrichtung einer eigenen ***Homepage*** haben. Aber zu reinen Informationszwecken zum Thema ist sie sehr nützlich. Unter ***Planung*** erfahren wir, aus welchen Elementen eine ***Homepage*** in der Regel besteht.

Das Angebot zur Homepage-Erstellung bei Quermania.de kostet zwar Geld, die Tipps zur Planung sind jedoch kostenlos.

Erster Schritt (Zweck und Nutzen)

Wozu wird die ***Homepage*** benötigt? Sagen wir es mal so: Alte Leute sollen hier sehen, wie ein Opa sich mit seinen Hobbys noch einen schönen Lebensherbst gestaltet. Diese Hobbys sind also die Themen. Als ***Suchbegriffe*** schlage ich vor: ***Marine, Segeln, Pilze, Senioren.***

„Na das hört sich doch schon mal sehr logisch an! Jetzt musst du dir überlegen, welchen Inhalt die Seite haben soll und wie du sie gliedern willst."

Zweiter Schritt (Inhalte und Gliederung)

Also, ich möchte nicht viel labern, sondern nur eine Einführung darüber geben, dass man für den Lebensabend Hobbys

Gliederung:

1. Willkommen
2. Kriegs- und Bundesmarine
3. Segeln
4. Gemeinsam speisen
5. Pilze sammeln als Hobby
6. Kontakt
7. Linkliste
8. Forum
9. Gästebuch

braucht, um aktiv und fit zu bleiben. Das Wichtigste sind dabei immer Fotos mit kurzen Bildunterschriften. Ich würde mich gern auf neun Seiten beschränken.

Dritter Schritt (Aussehen und Gestaltung)

Wir sollten die Bilder im Archiv auswählen und so ordnen, dass wir sie beim Durchsuchen für die Gestaltung der ***Homepage*** leicht finden können. Die Texte werden uns schon zu den Bildern einfallen. Die brauchen wir jetzt noch nicht zu planen.

Maximilian hat sich bei seiner Tante Dagmar Schmidt schlaugemacht und bringt eine Adresse ins Spiel, bei der man kostenlos eine ***Homepage*** Schritt für Schritt gestalten kann: „Opa jetzt gehst du ins Internet und gibst oben die Adresse ein, die ich hier auf dem Zettel aufgeschrieben habe: *www.homepage24.de.* Dann drückst du auf die ***Enter***-Taste!"

„Was ich dir versprochen habe: Das ist die Startseite, die du brauchst, um dich für die Gestaltung einer kostenlosen ***Homepage*** anzumelden. Vergiss, dass da oben ein ***Benutzername*** und ein ***Passwort*** gefordert werden. Du brauchst dich auch noch nicht einzuloggen, denn du musst dich erst registrieren lassen. Klick jetzt einfach auf die bunten Worte ***Kostenlose Homepages,*** und lass dich dann zur Anmeldung weiterleiten!"

Eine Anmeldung nie unterbrechen, bevor sie beendet ist.

Hier passierte uns die erste Panne. Wir hatten als Benutzernamen *Brunosenior* gewählt. Dann gingen wir zum Abendbrot und wollten später das Verfahren noch einmal von Anfang an üben. Und prompt bekamen wir die Nachricht, dass unser Benutzername schon vergeben sei. Also los zum nächsten Versuch mit einem neuen Namen. Man nennt diese Methode, etwas zu lernen, auch ***Versuch und Irrtum.*** Es ist jedenfalls keine Schande, am PC aus Fehlern zu lernen. Man darf nur nicht frustriert aufgeben, wenn etwas nicht gleich auf Anhieb klappt!

„Opa, jetzt klick da nicht an der Japanerin herum, da geht nichts auf. Wähl dir einen neuen Benutzernamen, trag deine E-Mail-Adresse ein und denk dir ein Passwort aus. Am einfachsten eins, das du schon irgendwo benutzt. Du musst ***Adresse*** und ***Passwort*** wiederholen, damit Vertipper auffallen, wenn man sich verschrieben hat. Dann sollst du die Allgemeinen Geschäftsbedingungen akzeptieren. Nur Juristen lesen die wirklich durch, weil die mit dem Krampf ihr Geld verdienen. Also den Haken hinein und auf ***Anmelden*** klicken!

Na bitte, da haben wir also unter *http://hansdieter83.homepage24.de* schon eine eigene Internetadresse. Füg sie zu deinen ***Favoriten*** hinzu, dann brauchst du diese Bandwurmadresse nicht immer neu zu schreiben.

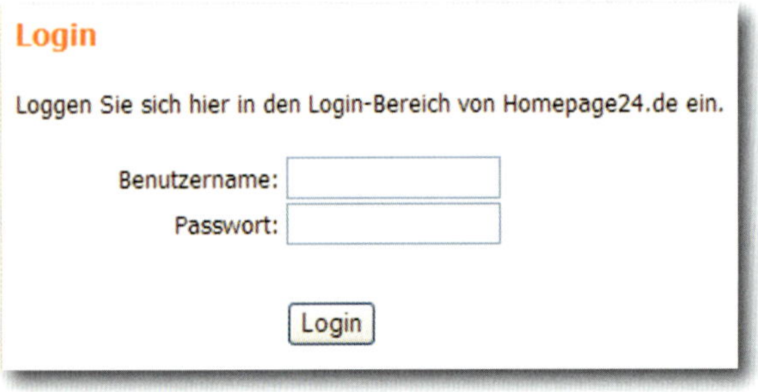

Das mit dem Registrieren einer Domain lassen wir mal bleiben. Das kostet Geld und hilft uns jetzt nicht weiter. Über der Geisha ist ein roter Balken mit dem Wort ***Login.*** Dort loggen wir uns mit dem neuen Namen ein: Also *hansdieter83* und das Passwort in die Kästchen schreiben und auf ***Login*** klicken."

Es erscheint jetzt ein großes buntes Bild. Wir lesen alles durch und entscheiden uns dafür, nur das rechte obere Viereck zu betrachten.

Die Überschrift ist ***Meine Homepage,*** was ja nicht verwundert. Verwundert lesen wir die Worte ***+++Promotion+++*** und ***+++Awardgewinner+++.*** Maxi findet das richtige Wort: „Opa, vergiss doch den ganzen Quatsch! Links sind vier Zeilen unterstrichen. Mit denen wollen wir weiterarbeiten!

„Kümmere dich auch nicht um die kostenlosen Bienen rechts. Ein ***phpBB-Forum*** hat bestimmt nichts mit dem zu tun, was du bei Bienen vielleicht denkst! Probier einfach aus, was die unter ***Design wählen*** und ***Textseiten bearbeiten*** anzubieten haben. Klick mal auf den Link ***Design wählen!***

Hier klickst du in den Kreis neben der Design-Vorlage hinein, die dir am besten gefällt, und gehst unten auf weiter. Jetzt kannst du unter 65 verschiedenen Hintergrundarten für deine Texte und Bilder wählen. Dabei musst du beachten, dass der helle Hintergrund für dunkle Schrift besser geeignet ist. Auf einem schwarzen Hintergrund kannst du nachher schwarze Buchstaben nicht lesen … Aber schauen wir erst einmal weiter! Oben findest du die Ziffern ***1*** bis ***13,*** von denen du eine ankli-

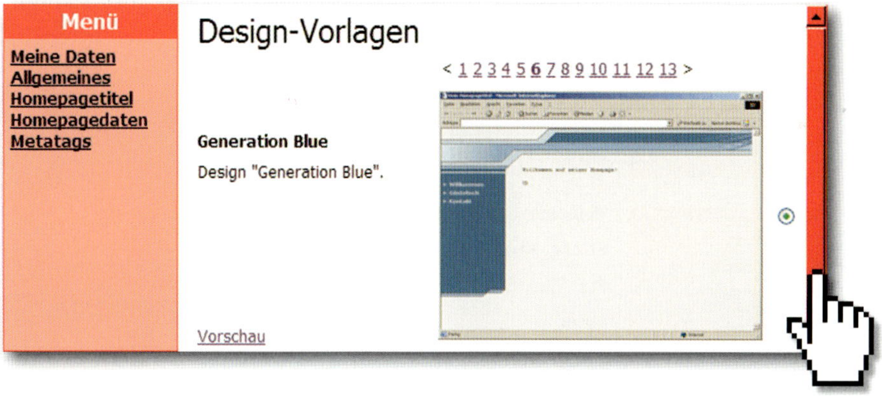

Es gibt Vorlagen für das Design, aber man kann es auch selber gestalten.

cken musst, um dir dann fünf ***Design-Vorlagen*** anzuschauen. Dabei musst du rechts am roten Balken auf und ab scrollen, um alle Vorlagen auf dem Bildschirm anzusehen. Mit einem Punkt im kleinen Kreis rechts neben der Vorlage bestimmst du, welches Design du als Hintergrund für deine Seiten haben willst. Um es zu übernehmen, musst du noch einmal ganz nach unten scrollen und die Worte ***Dieses Design wählen*** anklicken. Klick jetzt mal auf ***Vorschau,*** um zu sehen, was die da anbieten."

Meine Begeisterung hält sich in Grenzen. Ich finde unter 165 angebotenen Hintergrundarten, wozu man heute Design sagt, nichts Konservatives, das zu mir passen könnte.

„Keine Panik, wenn der Hintergrund nachher nicht zu deinen Texten passt oder dir nicht mehr gefällt, kannst du ihn jederzeit mit dem gleichen Verfahren ändern.“

Also vertagen wir die Wahl des Designs.

„Geh im Menü jetzt noch einmal der Reihe nach auf ***Meine Daten, Homepagetitel*** und ***Homepagedaten!*** Das ist wieder eine einfachere Übung, Opa! So etwas kannst du ja schon ohne meine Beratung ausfüllen. Probier mal einfach weiter!“

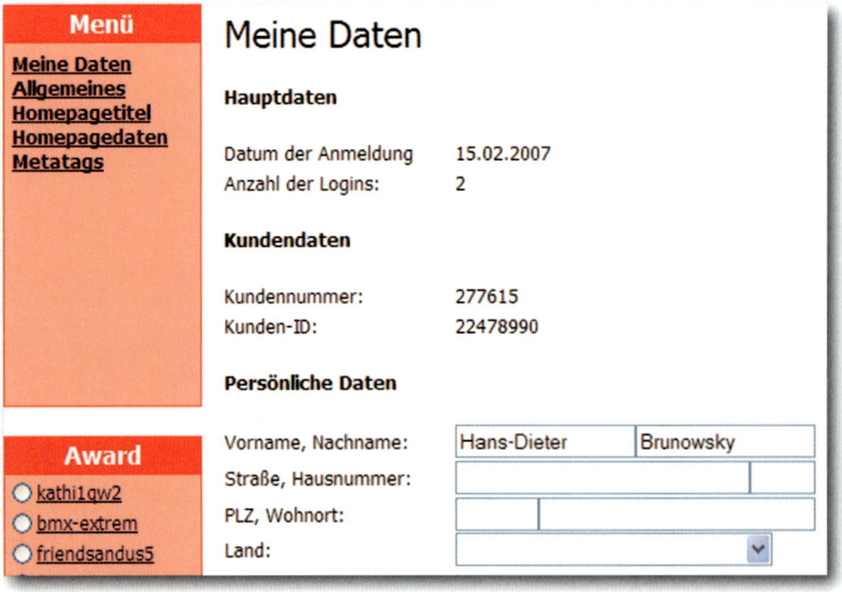

Auch diese Seite will viele persönliche Daten von mir wissen. Wo die wohl alle landen?

Ich fülle also gehorsam meine Daten in das Formular ein. Das rosafarbene Feld am linken Rand ist wohl das ***Menü.*** Ich brauche also nicht, wie sonst, unten das Wörtchen ***weiter*** zu klicken, sondern kann mir im Menü auswählen, was ich als Nächstes bearbeiten will.

Maximilian schaut mir wohlwollend über die Schulter. Diese Jugend ist ja mit den Händen auf der Tastatur und mit der Maus viel schneller als unsere Generation. Aber dafür sind die Brüder furchtbar mundfaul. Also, den Titel muss ich mir schon selber einfallen lassen, wenn ich weiterkommen will. Da kommt von meinem Berater nur heiße Luft …

Jung und Alt als Partner schlage ich vor. Partner hört er gern, und so ernte ich hierzu keinen Widerspruch von meinem Enkel. Ich fülle das Feld aus und klicke auf ***Übernehmen.*** Das klingt ja so, als würde mein Programm schon richtig an meiner Homepage basteln und den Titel in die entstehende neue Internetpräsenz einbauen. Im Menü links oben wird jetzt als Nächstes ***Homepagedaten*** angeboten. Ohne den beobachtenden Experten zu fragen, der ja auch noch nie eine ***Homepage*** eingerichtet hat, klicke ich auf dieses Angebot. Ich weiß zwar nicht, was das für Daten sein sollen, aber man wird schon sehen:

Es ist eine Kunst, sich kurzzufassen, wenn man viel zu sagen hat …

Jetzt müssen wir darüber nachdenken, was wir eigentlich anbieten wollen. Hier ist es hilfreich, eine kleine Pause einzulegen und erst mal ins Unreine zu sprechen – frei nach dem Motto: *Wie soll ich wissen, was ich denke, bevor ich höre, was ich sage?*

Wir haben nur 104 Zeichen zur Verfügung. Mir fällt der Satz eines sehr bedeutenden Mannes ein, der einen Text etwa so begann: *Entschuldige, wenn ich heute einen so langen Brief schreibe, aber ich habe keine Zeit, mich kurz zu fassen …*

Maximilian langweilt es, wenn er vor dem PC nicht flott weiterklicken kann. Ich werde also über den Inhalt in Ruhe allein nachdenken, denn in meiner Präsentation will ich als Inhalt kein Geschwätz anbieten.

Beim nächsten Klick kommt die Aufforderung, ***Metatags*** einzugeben. „Opa, vergiss das. Trag deinen Namen ein, das reicht." Wir haben uns also mit meinem Namen hier vorläufig verewigt, klicken auf ***Übernehmen*** und kommen wieder zu einer Übersicht mit dem Schmetterling, was mich daran erinnert, dass wir doch noch sehr unsicher in der Materie herumflattern. Aber wir wollen weiter zum Gestalten der Homepage-Seiten.

Die Seiten meiner Homepage bearbeiten

„Opa, ich denke, wir haben das rote Menü links jetzt abgearbeitet. Ist ja nett, dass wir wieder ***Willkommen*** geheißen werden und erfahren, welches Datum wir heute schreiben.

Tipps & Tricks ist etwas für Fortgeschrittene. Da lassen wir lieber die Finger von! In den ***Statistiken*** lesen wir ***Besucher: 0,*** was ja niemand verwundert, weil unsere Homepage ja noch gar nicht existiert!"

Mir fällt dabei ein, dass mein Jahrgang in der Statistik über die Häufigkeit sexueller Kontakte auch nicht mehr vorkommt. Aber der Gedanke gehört nicht hierher.

Features heißt also unser nächstes Betätigungsgebiet. Ich erlaube mir die Frage, was das heißen soll und ob es dafür kein deutsches Wort gäbe. Die flapsige Antwort „Das weiß doch jeder, was Features sind!", genügt mir nicht. Der Duden für Fremdwörter muss her, und siehe da, es gibt tatsächlich noch ein deutsches Wort dafür: ***Aufmachung.***

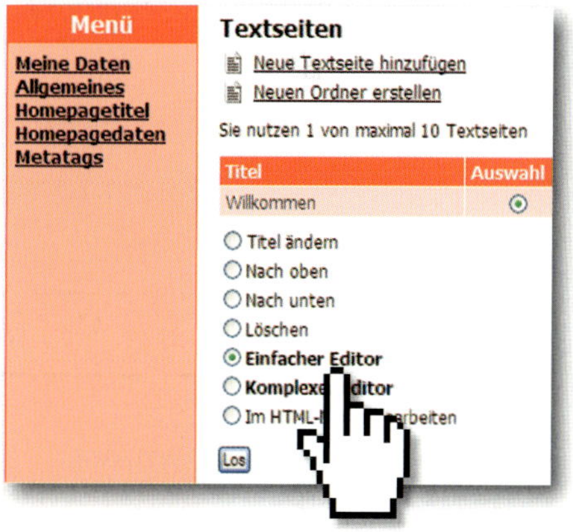

Als Anfänger immer den Einfachen Editor wählen.

Die beiden ersten Angebote ignorieren wir einfach. Es bleiben die drei Möglichkeiten im Menü: ***Seiten bearbeiten, Bilder hochladen*** und ***+++ Aktuelles Design +++.***

„Wir gehen zur Zeile ***Seiten bearbeiten*** und klicken erst einmal darauf! Wir dürfen uns jetzt nicht verwirren lassen. Offenbar müssen wir erst ein paar Textseiten hinzugefügt haben, bevor dieses Menü einen Sinn bekommt, denn wir nutzen ja jetzt nur eine von zehn Seiten. Die kann man natürlich nicht nach oben oder unten verschieben. Unter ***Auswahl*** findest du wieder einen kleinen Kreis mit einem Punkt in der Seite ***Willkommen.***

Wenn du ein paar Seiten hinzugefügt hast, kannst du wahrscheinlich mit diesen Punkten die Zeilen nach oben oder unten verschieben. Klick mal den Punkt ***Einfacher Editor*** unter ***Auswahl*** an und klicke dann auf ***Los.*** Jetzt lass dich überraschen! Siehst du, jetzt bekommst du eine Seite mit dem Wort ***Willkommen*** als Überschrift angeboten, die zunächst leer ist. Oben ist eine Symbolleiste, die du von ***Word*** her kennst. Schieb die Begrüßung in die Mitte und wähle eine Schriftart und eine dir passende Schriftgröße. Dann schreibst du deinen Text in die Seite, bis die Titelseite so aussieht, wie du dir das vorstellst."

Jeden Entwurf der Willkommen-Seite kann man beliebig oft ändern.

Bilder und Text in meine Seite einbauen

„Wir haben ja schon eine Reihe von Bildern für diese Arbeit in einem Ordner ***Homepage*** gespeichert. Da können wir sie abholen, wenn wir jetzt unter ***Features*** auf ***Bilder hochladen*** klicken. Mal sehen, wie das funktioniert."

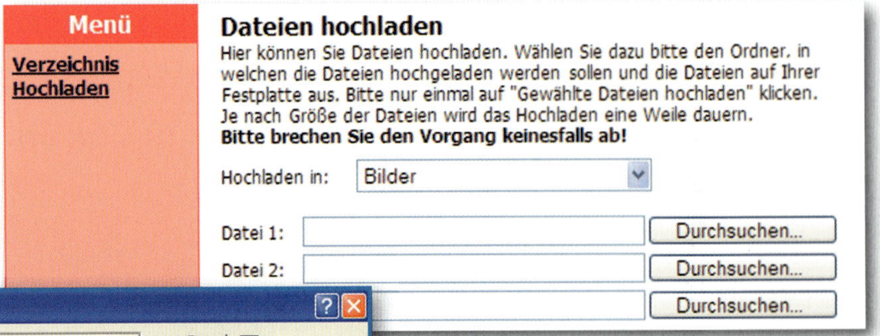

Mit dem Befehl „Durchsuchen" kann auf der Festplatte ein zuvor gespeichertes Bild geladen werden.

„Zunächst kommt nur eine Liste von Feldern zum Vorschein, wo rechts das Wort ***Durchsuchen*** steht. Klick einmal in der ersten Zeile auf ***Durchsuchen.*** Es erscheint ein Angebot von Ordnern aus deinen ***Eigenen Bildern.*** Da musst du natürlich suchen, bis du die Bilder findest, die du hochladen willst. Klick das Bild *Segler* an und lies dir im Kästchen durch, wie viel ***Kilobyte*** das Bild hat. Wir haben nämlich für unsere Bilder insgesamt nur etwa 1000 KB Speicherplatz zur Verfügung, mehr bietet ***Homepage24*** seinen Nutzern nicht an. Hier sind es 32,3 KB, das passt! Klick beim Bild *Segler* auf ***Öffnen!*** Schon steht es als erstes Bild in deiner Liste.

Wenn du jetzt unten auf ***Gewählte Datei hochladen*** klickst, wird das Bild aus deinem Ordner ***Eigene Bilder*** in einen Ordner ***Bilder*** im Internet übernommen, von wo du es dann in eine Seite deiner ***Homepage*** einbauen kannst.

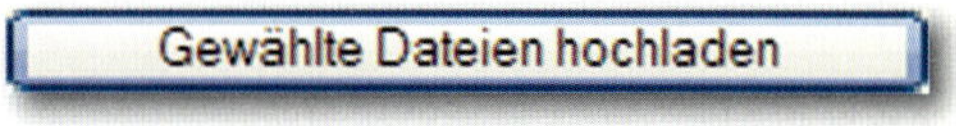

Dein Bild *Segler* hatte übrigens das zugelassene Format ***JPG***. Ebenfalls erlaubt sind die Formate ***GIF*** und ***PNG.***

Wenn du ein Bild in einem anderen Format in die genannten Formate ändern willst, brauchst du eine Software wie ***Paint Shop Pro 7.*** Als Anfänger lässt du lieber die Finger davon. Denn erstens muss man diese Software zusätzlich bezahlen und zweitens kannst du dabei Fehler machen. Verwende beim Aufbau der ersten Homepage einfach nur Bilder, die schon im richtigen Format sind."

Mit Programmen wie Paint Shop Pro 7 kann man Bilder bearbeiten.

Wir sind jetzt in der Endphase der Gestaltung unserer ***Homepage.*** Titelseite und Überschriften für die ersten Seiten sind schon fertig. Maximilian steht jetzt hinter mir und weist mich an, wie es weitergeht:

So sieht es aus, wenn alles richtig gemacht wurde beim Hochladen (oben) und so, wenn etwas schiefgegangen ist (unten).

„Geh mal zurück zur Biene und klicke ***Seiten bearbeiten*** an. Wir wollen jetzt in eine weitere Seite unseren Text einbauen. Das kennst du ja schon von der ***Willkommen***-Seite: Klick oben ***Neue Textseite hinzufügen*** an. Es bildet sich eine neue rosafarbene Zeile. Gib ihr einen Namen und mach einen Punkt erst in den kleinen Kreis unter Auswahl, danach in den Kreis neben ***Einfacher Editor*** und drück auf ***Los!"***

„Und das ist uns auch schon beim ersten Mal aufgefallen: Was dir jetzt angeboten wird, ist eine Symbolleiste, die sehr ähnlich aussieht, wie bei dem Programm ***Word:***

Du kannst hier zwischen ***Schriftart, Schriftgröße, Fett*** , ***Kursiv*** und ***Unterstrichen*** wie bei ***Word*** wählen. Also entwerfen wir jetzt mit diesen Symbolen unsere Seite. Du musst nur noch die Überschrift in die Mitte rücken und die Schrift wählen, die du haben willst. Und dann kannst du hier deinen eigenen

Diese Symbole für das Schreiben von Text sind ähnlich wie bei Microsoft Word.

Text einbauen. Bei Bedarf ist er aber auch jederzeit änderbar. Wichtig ist, dass du nach jeder Eingabe oder Änderung von Text, auf ***Übernehmen*** klickst. Sonst hast du für die Katz gearbeitet und alles ist wieder weg, wenn du eine andere Seite öffnest.

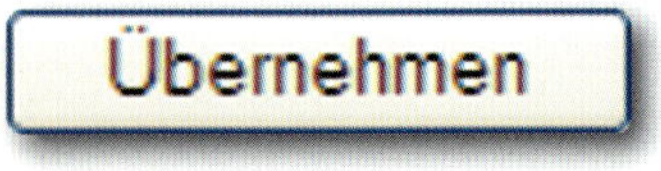

Ach ja, siehst du das kleine gelbe Symbol? Wenn du da mit der Maus draufgehst, erscheint ein Schildchen mit der Aufschrift ***Bild/Grafik einfügen.*** Wir probieren jetzt einmal, auf der Seite ***Meine Marine*** ein Bild einzubauen: Nachdem dein Text steht und du ihn auf Fehler überprüft hast, sicherst du ihn erst mit dem Klick auf ***Übernehmen.*** Dann gehst du mit dem Pfeil oben auf das gelbe Symbol. Es erscheint das abgebildete Schildchen. Wenn du das Symbol anklickst, öffnet sich das Grafikarchiv, in dem auch deine hochgeladenen Bilder gespeichert sind. Was willst du auf deiner Marineseite für ein Bild zeigen?“

Ich entscheide mich für die Heimkehr von der Auslandsreise mit der Schulfregatte Hipper und mache einen Haken beim Bild mit dem Namen *hipperreise.jpg.*

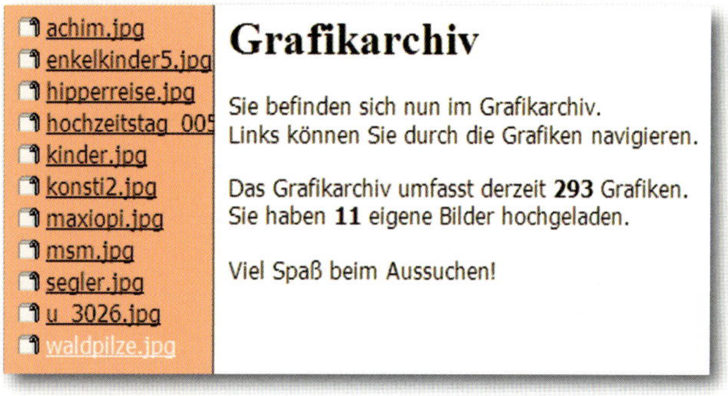

Das Bild fügt sich an der Stelle des Textes ein, die du mit dem ***Cursor*** markiert hast. Gehst du mit dem ***Cursor*** rechts unten auf die Bildecke, erscheint, wie bei ***Word,*** ein Doppelpfeil ⤡. Damit kannst du das Bild verkleinern oder auseinanderziehen. Du musst nur genau in der

Die Bildbearbeitung ähnelt dem Einfügen von Bildern in den Text bei Word.

Beim Vergrößern oder Verkleinern diagonal ziehen, sonst verzerrt sich das Bild.

Diagonale ziehen. Denn wenn du die Pfeile senkrecht nach unten ziehst, wird das Bild zwar ein Hochformat, aber verzerrt, sodass ihr alle lange Gesichter bekommt! Probier das mal aus.“

Das Design selbst gestalten

Jetzt gehen wir zurück auf die Seite ***Design wählen*** und nehmen das zweite Angebot: Wir wollen nun keine Designvorlage verwenden, sondern ein anpassbares Design selber gestalten. Es erscheinen fünf Vorschläge, von denen wir uns für das erste Standarddesign mit einem schwarzen Balken entscheiden. Maxi meint sachverständig: „Wieder einen Punkt in den kleinen Kreis setzen." Das hätte ich jetzt auch selber gewusst.

Schwarz ist hier die ***Navigationsleiste,*** auf der nachher unsere Seiten ***Willkommen, Meine Marine, Segeln*** und so weiter zur Auswahl angeboten werden. Man navigiert von Seite zu Seite, indem man die Überschriften anwählt, die einen interessieren. Unter der Überschrift ***Anpassbares Design*** können wir nun Farben für Hintergrund und Schriftart wählen. Auch wenn man uns Männern nachsagt, nicht so zielsicher bei der Farbwahl unserer Bekleidung zu sein, werden wir hier sicher eine gute Kombination hinbekommen.

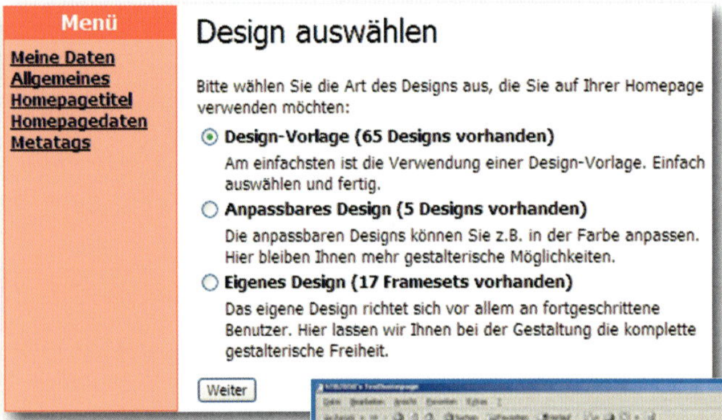

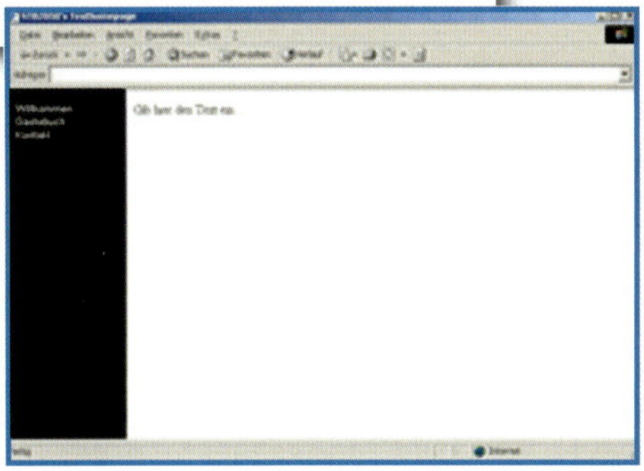

„Also Opa, das machen wir so: Die ***Navigation*** lassen wir links. Dann klicken wir die vierfarbigen Symbole an. Es öffnet sich das Farbenangebot. Du wählst eine helle Hintergrundfarbe für die Navigation, eine dunkle für die Schrift und so, wie ich dein Marineherz kenne, einen blauen Hintergrund für die Textseite. Zwischendurch immer wieder auf ***OK*** klicken und wenn alles passt, mit ***Übernehmen*** bestä-

Beim Gestalten eines eigenen Designs kann man die Farben für Schrift und Hintergrund frei wählen.

tigen. Wir sehen uns das Ergebnis auf der neuen Homepage an und verändern es so lange, bis es uns gefällt!“

So sieht also jetzt die Startseite meiner ersten eigenen ***Homepage*** aus. Die Werbung muss ich ertragen. Mit grenzenlosem Erstaunen stelle ich fest, dass die Werbefirmen es doch tatsächlich während unserer Bastelei schon geschafft haben, auf meiner Seite ***Segeln*** Werbung für Segeltörns zu platzieren. Unglaublich, wie die das mit ihren Suchmaschinen heute fertigbringen.

Netter Treffpunkt: das Forum für Senioren

Mit unserer Suchmaschine finden wir schnell ein Portal, in dem sich Senioren treffen können.

„Na bitte Opa, da hast du ja gleich ein tolles Angebot: Es gibt fast zwei Millionen Seiten im Netz zu diesem Thema. Offenbar haben noch mehr Leute in deinem Alter das Bedürfnis, in einem ***Forum*** Kontakt aufzunehmen. Also versuche es doch gleich mit dem Forum für Senioren unter der Adresse *www.forum-fuer-senioren.de!*

Natürlich musst du dich als Mitglied anmelden, wenn du in so einem Verein mitmachen willst. Das ist kostenlos, und wahrscheinlich musst du dir einen Tarnnamen einfallen lassen, damit hier alles anonym bleibt, was man so schnattert. Vergiss nicht, die Startseite gleich zu deinen ***Favoriten*** hinzuzufügen!"

Nach ein paar Kontakten mit dem ***Forum*** öffnet sich die Seite tatsächlich regelmäßig unter meinem Namen, ohne dass

ich den Zirkus mit Benutzernamen und Passwort immer wiederholen muss. Es gibt ein Formular, in das ich Angaben zu meiner Person eintragen kann, die nicht veröffentlicht werden. Dazu bekommt man eine sogenannte Visitenkarte, in die man Informationen schreiben kann, die alle Mitglieder sehen dürfen. Wenn man will, kann man ein Passbild senden, das die Leute vom ***Forum*** dann in die Visitenkarte einbauen.

In einer Mitgliederliste finde ich Benutzernamen. Ich kann mir in einer Mitgliedergalerie auch Fotos anschauen und spontan eine E-Mail an irgendein nettes Gesicht schreiben. Wer will, darf sogar flirten. Aber Ferkeleien sind im ***Forum*** streng verboten. Da kann man schnell wieder herausfliegen. Wie überall im Internet wird man auch hier durch Ausprobieren schlau. Man kann oben oder an der Seite einen Link anklicken und sehen, ob einen das Gebiet interessiert. Wenn nicht, ist man mit einem weiteren Klick gleich wieder draußen.

Dabei fällt mir das gute Testergebnis von ***Computer Bild*** für diese Seite ins Auge, das mir bestätigt, eine gute Adresse gewählt zu haben. Es ist alles für Leute ohne große EDV-Kenntnisse eingerichtet. Sogar die Hilfen, die einem im Menü angeboten werden, kann man ohne Informatikstudium leicht verstehen.

VERHALTEN IM FORUM

Die Anmeldung ist meist kostenlos. Dann gibt man sich einen Fantasienamen und macht einige persönliche Angaben über sich in einer Visitenkarte, die jeder einsehen kann. Eine lebhafte Kommunikation wie Flirten und Kontaktanbahnung ist erwünscht, aber beim Chatten bitte anständig bleiben!

Die Mailbox im Forum

Erstaunlich ist, dass ich schon in den ersten Tagen von fremden Mitgliedern Post bekomme. Man begrüßt mich als neues Mitglied! Ich erinnere mich, dass es eine Mitgliederliste gibt, in der man sich informieren kann, wer neu ist. Alles ganz pfiffig organisiert: Wenn ich Post bekomme, steht das in Rot über meinem Namen. Und wenn ich länger nicht in meine Mailbox sehe, bekomme ich sogar eine E-Mail an meine normale Adresse, in der steht, dass ich Post im Forum habe.

Eine Dame aus Holland hat in meiner Visitenkarte gelesen, dass ich nach Meinungen zu meinem Buch gefragt habe, und wollte wissen, wo man es bekommen kann. Rechts neben dem Betreff und dem Benutzernamen ist ein kleiner Umschlag. Er

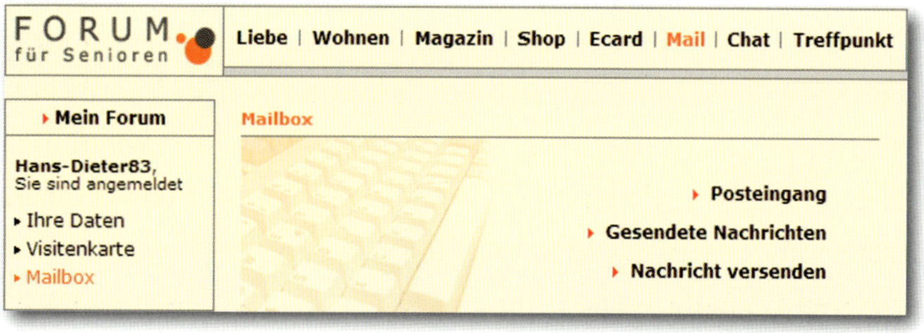

bleibt zu, bis ich die E-Mail gelesen habe, geht auf, sobald ich sie öffne, und bekommt einen roten Punkt, wenn ich geantwortet habe. Ein pfiffiges System!

Nicht allem trauen!

Wir schauen uns mal an, was im Treffpunkt geboten wird.

„Opa, das sind Themengebiete, wo du Leute mit gleichen Interessen finden kannst. Hier hast du Gelegenheit, mit deinen Enkelkindern anzugeben oder Fragen zu stellen, die dir zum Beispiel beim Thema Computer und Internet andere Mitglieder beantworten können. Klick mal ***Aktien & Co*** an und schau, was es dort für Fragen und Antworten gibt."

Da will zum Beispiel ein unbedarftes spätes Mädchen offenbar seine ersten Aktien kaufen. Und – schwups – meldet sich schon ein Kavalier im Forum, der Rat weiß und die Adresse *www.markus-frick.de* empfiehlt. Na, schau mal gleich ins Internet, was da bei dem auf der Startseite steht.

Aha, es geht um Vermögensberatung. Er bietet dort Seminare an, in denen er die angeblich besten Börsenstrategien vorstellt. Hatte ich nicht letztens in den Nachrichten gehört, dass es um diesen Herrn Frick einen Skandal wegen wertloser Aktientipps gab? Egal was dran ist, da lasse ich lieber die Finger von.

Ob die Dame im Forum wirklich an einen Vermögensberater verwiesen werden wollte, wage ich zu bezweifeln. Vermutlich suchte sie eher die starke Schulter eines börsenbewanderten älteren Herrn, um sich bei ihm anzulehnen. Aber das Beispiel zeigt mir, dass man genau hinschauen muss, wer einem was zu welchem Thema sagt. Eine gesunde Portion Misstrauen sollte immer mit dabei sein. Denn in solche Foren kann im Prinzip jeder schreiben. Maximilian hat sich längst wieder in das Forum auf die Seite ***Treffpunkt*** zurückgeklickt. Das geht bei dem Jungen immer so schnell, dass ich jedes Mal noch den Pfeil der Maus auf dem Bildschirm suche, während der Kleine längst schon weiter ist.

„Schau dir mal an, was die Leute für Fragen zum Thema Computer haben. Hier kannst du dir ja auch Rat holen, wenn ich mal nicht bei dir bin."

Ich klicke also im ***Treffpunkt*** auf ***Computer & Internet*** und lese die Fragen und Antworten, bis ich ein interessantes Thema finde.

„Siehst du, Opa, jetzt hast du gleich eine Internetadresse, wo du dich als Umweltfan über das Stromsparen beim PC schlaumachen kannst. Klick einfach auf den im Beitrag angegebenen Link, und schon informiert man dich darüber, was dein PC und die Zusatzgeräte an Strom fressen, wenn du sie nicht abschaltest."

Wir beschließen, nicht alle im Treffpunkt angebotenen Gebiete durchzuprobieren. Ich bitte meinen Experten dafür, mir das ***Chatten*** zu erklären.

Erfahrungsaustausch: Bei Mitgliedern Rat suchen, wenn man am PC Probleme hat.

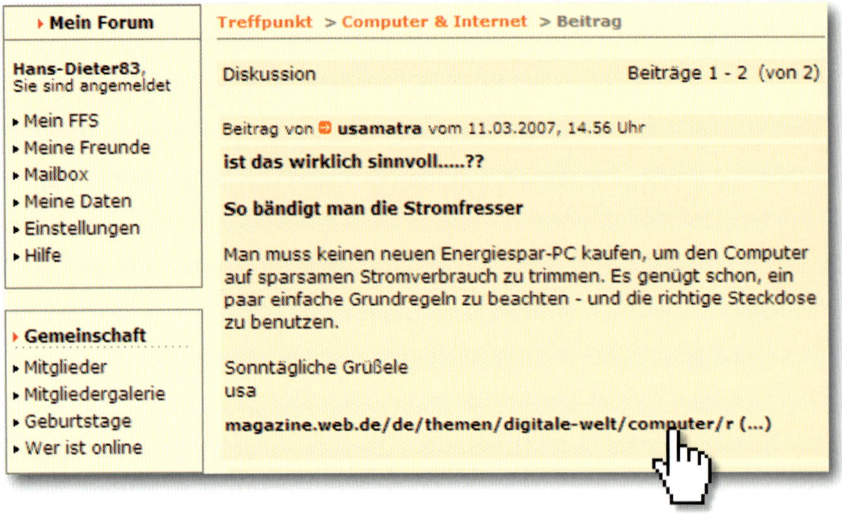

Chatten in einem Forum

Maximilian zieht die Stirn in Falten und macht ein Gesicht, als würde er darüber nachdenken, wie man jemandem, der etwas schwer von Begriff ist, einen sonnenklaren Sachverhalt erklärt:

„***Chatten*** ist eine Art Gespräch auf dem Bildschirm. Dabei befinden sich zwei oder mehr Personen in einem virtuellen Clubraum und schnattern ungeordnet durcheinander. Man muss ja jeden Satz auf der Tastatur eintippen und absenden. Wenn man zu lange überlegt, hat ein anderer seinen Satz abgesendet. Es kann sein, dass jetzt deine Antwort nicht mehr zur Frage passt. Aber am besten erkläre ich dir das, wenn wir mal in deinem ***Forum für Senioren*** an einem ***Chat*** teilnehmen."
Wir machen einen Versuch, aber aus irgendeinem Grund schlägt er fehl.

„Hast du überhaupt einen aktuellen ***Flash Player*** auf deinem PC?"

Ich sacke in mich zusammen. Soll ich zugeben, dass ich das Wort ***Flash Player*** noch nie gehört habe, dass ich nicht die leiseste Ahnung habe, zu was das Ding gut sein könnte? Nein, ich heuchle Sachverstand und gebe zu, dass mein PC so alt sei, dass möglicherweise mein ***Flash Player*** nicht mehr zu gebrauchen sei.

Maximilian nickt verständnisvoll und meint, er müsse dann wohl versuchen, den Vogel kostenlos im Internet herunterzuladen. Er fummelt sich durch verschiedene Hilfsangebote im Forum durch.

Endlich hat er unter ***Hilfe zum Chat*** eine brauchbare Problemlösung gefunden:

Probleme im Zusammenhang mit dem Chat

Sollten im Zusammenhang mit dem Chat Probleme auftreten, gehen Sie bitte wie folgt, für die einzelnen möglichen Problemfälle beschrieben vor.

Problem: Der Chat wird geladen, der Ladevorgang wird jedoch nicht abgeschlossen sondern bleibt bei dem Hinweis: "Bitte warten..." stehen.

Ursache: Sie verwenden eine veraltete Version des Flash-Player, welcher für den Chat benötigt wird.

Lösung: Laden Sie eine aktuelle Version des Flash-Player kostenfrei hier herunter: **http://www.macromedia.com/go/getflashplayer**

Mein Experte klickt auf den Link *www.macromedia.com/go/getflashplayer:* „Belaste dich nicht damit, das zu verstehen. Es genügt, wenn du weißt, dass du chatten kannst, wenn du einen aktuellen ***Flash Player*** verwendest. Warum du ihn brauchst, weiß sogar ich nicht so genau, aber das ist halt so!“

Flash Player

Der Flash Player fürs Chatten lässt sich kostenlos herunterladen.

Zurück im Forum klicken wir oben auf ***Chat*** und versuchen erneut, mit anderen Mitgliedern ins Gespräch zu kommen. „Du musst erst oben in der Startseite des Forums auf ***Chat*** klicken. Dann öffnet sich eine Seite. Oben steht ***Willkommen im Chat*** – hier sind wir also schon mal richtig. Klick mal die unterstrichene Zeile ***Zu den allgemeinen Chaträumen*** an und warte, was da folgt.

Es gibt also eine Aufstellung der verschiedenen Chaträume und darunter die Namen der Gesprächsteilnehmer. Du kannst am ersten Symbol erkennen, ob es sich um Damen oder Herren handelt. Das dritte Bildchen steht für die Visitenkarte.

Wenn du die anklickst, bevor du einen Raum betrittst, hast du gleich ein paar Infos über die Gesprächspartner, mit denen du die Plauderei beginnen kannst. Also nehmen wir mal den Raum ***Philosophie,*** in dem sich eine Dame namens *rana49* befindet. ***Visitenkarte*** anschauen! Sie interessiert sich auch für Pilze. Weiter unten gibt es Links, um *rana49* eine Mail zu schreiben oder um sie im Chat zu besuchen. Sie ist allein, Opa! Also ran!“

Höflichkeit habe ich ja gelernt, aber wie man sich im Internet hinsetzen soll, ist mir noch schleierhaft! Aber Maxi sagt, das macht man so. Und es entsteht der folgende Dialog:

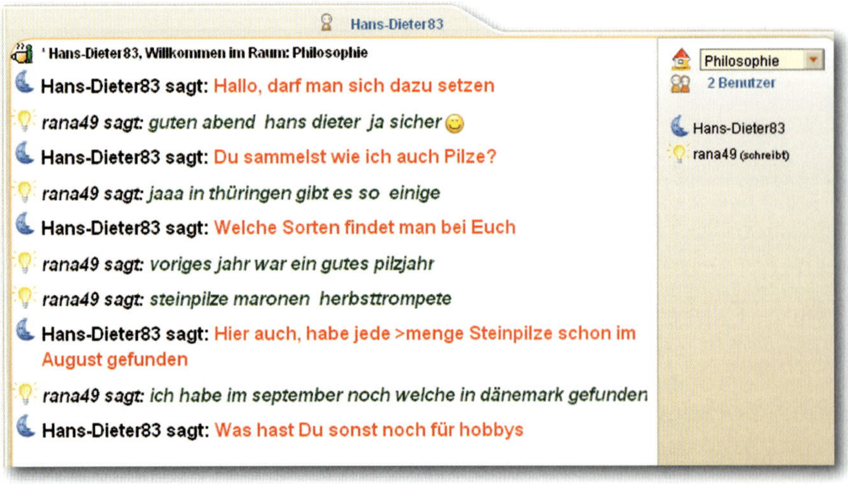

„Opa, bevor die Dame anfängt, dich ernsthaft in Erwägung zu ziehen, beenden wir das Spiel und verlassen mit einer netten Ausrede den Chat. Du musst jetzt noch zwei Dinge lernen:

Der Mond steht im Chat immer vor deinem Besuchernamen, wenn du ihn als ***Avatar*** ausgewählt hast.“

Ich melde mich schüchtern zu Wort und frage, was ein ***Avatar*** ist. Maxi weiß das zwar auch nicht, aber wozu gibt es ***Wikipedia?*** Die Internetadresse *www.wikipedia.de* brauche ich ja zum Glück nicht mehr erneut in die Adresszeile meines Internet Explorers eintippen, denn ich habe diese nützliche Online-Enzyklopädie in meinen Favoriten gespeichert. Da finden wir:

Ein Avatar ist eine künstliche Person oder ein grafischer Stellvertreter einer echten Person in der virtuellen Welt, beispielsweise in einem Computerspiel.

„Jetzt kannst du dir noch Schriftgröße und -farbe wählen, um dich auch optisch von deinem Chatpartner zu unterscheiden. Schließlich musst du noch wissen, wie man einen Chat beendet, ohne den Stecker zu ziehen."

Einen ausgewählten Avatar behält man beim Chatten als Erkennungszeichen.

Na, das braucht er mir wirklich nicht mehr zu erklären! Steht ja deutlich oben in der Menüleiste ***Chat verlassen.*** Höflich, wie ich bin, sage ich zu meiner Gesprächspartnerin noch *Es war nett, mit dir zu plaudern, aber ich muss ans Telefon. Tschüs!* Die Ausrede macht sich immer gut!

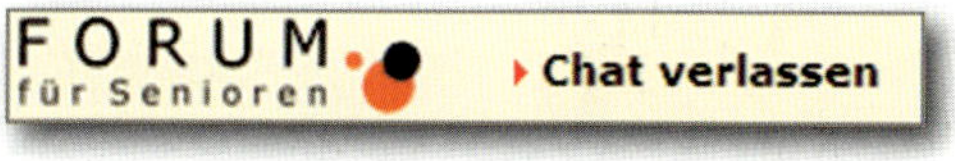

Maximilian geht nach Hause und ich suche mein erstes Abenteuer im Netz. Im Chat wähle ich den Raum ***Bistro,*** in dem sich drei Damen unterhalten, und stürze mich mutig als einzelner Mann ins Gespräch. Man begrüßt mich nett, aber ich bleibe stumm wie ein Fisch. Ich habe vergessen, wo man seine Nachricht schreiben und senden kann. Die Damen fangen an, zu kichern:

Schweigen im Walde
Ihm hat es die Sprache verschlagen
Er traut sich nicht

Das Schlimmste ist, ich finde auch nicht heraus aus der Seite. Mir bleibt nur die Flucht über das Kreuzchen zum Schließen oben in der rechten Fensterecke.

Als ich das Maximilian erzähle, grinst er gnädig: „Du hast das Scrollen vergessen. Die Chatseite ist zu groß für deinen Bildschirm. Du musst sie nach unten scrollen, um zu schreiben, und ganz nach oben scrollen, um den Chat zu verlassen!" So simpel ist das also.

ENTDECKUNGS-REISE

Ob Genanalyse oder Fragen an Politiker, ob Homebanking oder Musik aus dem PC: Es gibt immer neue interessante Gebiete, die man sich im Lebensherbst zum Hobby machen kann.

Nützliches für Fortgeschrittene

Gesundheit und Genanalyse

Maximilian und ich surfen also neuerdings um die Wette im Netz, um neue interessante Themen zu finden.

„Also Opi, würde es dich eigentlich interessieren, ob du dazu neigst, Alzheimer zu bekommen und was man dagegen tun kann? Meine Mutter ist ja Ärztin und die betreut eine Website, auf der man alles über Genanalysen erfahren kann. Da steht sogar etwas über Vaterschaftstests drin."

Bei einem Großvater, der im 84. Lebensjahr noch im Netz surft, das Thema Alzheimer anzusprechen, ist taktlos, und Vaterschaftstests hätten mich allenfalls in den wilden Jugendjahren interessiert. Aber ich bin ja kein Spielverderber und schaue mir *www.ihregene.de* versuchsweise einmal an.

Von Alzheimer über Herzinfarkt bis Vaterschaftstest: Auf dieser Seite gibt's viele Informationen zu wichtigen Gesundheitsthemen.

„Klick mal auf ***Genanalysen!*** Da schiebt sich gleich eine graue Menüleiste ins Bild, und da wählen wir jetzt ***Alzheimer!***“ Ich protestiere laut, und wir einigen uns auf ***Vaterschaftstest.*** Der betrifft mich nicht mehr und ihn noch nicht. Also ein neutrales Feld zum Üben mit dem Internet.

WIE FUNKTIONIERT EIN VATERSCHAFTSTEST?

Wenn die Probe ggf. vor Gericht gültig sein soll, sollte man folgender Maßen vorgehen:

Für eine Untersuchung müssen die Daten von dem potentiellen Vater, der Mutter und dem Kindes vom Arzt aufgenommen werden: Vor- und Familienname, Geburtsdatum und, wenn möglich, die Adresse. Die Personen müssen sich mit Lichtbild ausweisen. Der Arzt kann Blutproben entnehmen, aber eine Probe zum Beispiel der Wangenschleimhaut ist ebenfalls gut geeignet. Dies erfolgt ganz schmerzlos mit Hilfe von Wattestäbchen. Vom Kind können auch Haare oder zum Beispiel Zellen am Schnuller verwendet werden. Die Behälter der Proben müssen in Gegenwart der zu untersuchenden Personen zweifelsfrei beschriftet werden. Entweder müssen alle Beteiligten der Entnahme zustimmen, oder ein richterlicher Beschluss muss vorliegen. Eine heimliche Untersuchung ist nicht zulässig, wird aber zurzeit nicht unter Strafe gestellt.

Beruhigt lehne ich mich im Sessel zurück. Es ist doch gut, keine Zweifel zu haben, dass meine Kinder selbst gemacht sind!

Wir fragen, Politiker antworten

Dies ist eine Seite, auf der Bürger kritische Fragen an Abgeordnete stellen können.

Das Internet ist eine Fundgrube für jeden, der mehr von seinem Lebensherbst verlangt, als die tägliche Berieselung mit Fernsehsendungen. Es macht auch einfach Spaß, neugierig ohne

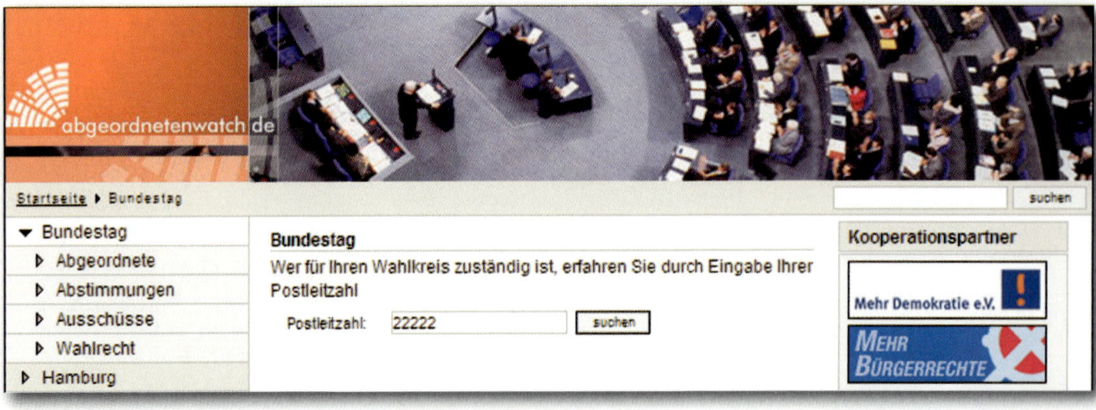

Ziel im Netz zu surfen und sich überraschen zu lassen. Es kann zum Hobby werden, unseren Politikern mit Fragen etwas auf den Pelz zu rücken.

Maximilian hat mir dafür eine Adresse herausgesucht: *www.abgeordnetenwatch.de.*

Hier haben sich offenbar kritische Bürger ein Forum geschaffen, um Abgeordneten unangenehme Fragen stellen zu können.

Maximilian betrachtet die Bilder von Hamburger Bürgerschaft und Bundestag mit kritischen Augen und meint dann: „Da haben sie aber beim Bundestag lange suchen müssen, bis sie einen Ausschnitt des Plenarsaals gefunden haben, wo keine Plätze leer sind!“ Der Junge fängt doch tatsächlich an, sich für Politik zu interessieren!

Das Portal erfasst und zeigt alle gestellten Fragen und gegebenen Antworten der Abgeordneten.

Mit einem Klick sind wir bei unserem Bundestagsabgeordneten für Hamburg Nord. „Wollen wir den mal was fragen?“ Wenn ein heranwachsender Demokrat sich informieren will, dann soll man das begrüßen. Aber was sollen wir ihn fragen?

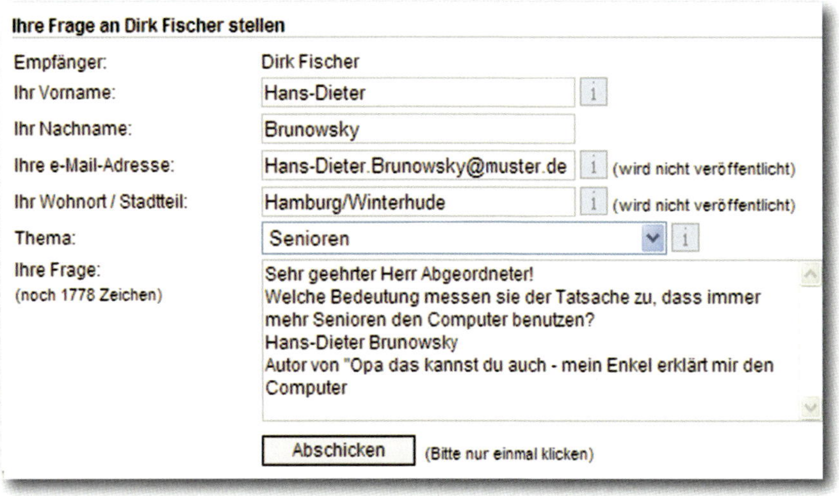

Ihre Frage an Dirk Fischer stellen

Empfänger: Dirk Fischer
Ihr Vorname: Hans-Dieter
Ihr Nachname: Brunowsky
Ihre e-Mail-Adresse: Hans-Dieter.Brunowsky@muster.de (wird nicht veröffentlicht)
Ihr Wohnort / Stadtteil: Hamburg/Winterhude (wird nicht veröffentlicht)
Thema: Senioren
Ihre Frage: (noch 1778 Zeichen)
Sehr geehrter Herr Abgeordneter!
Welche Bedeutung messen sie der Tatsache zu, dass immer mehr Senioren den Computer benutzen?
Hans-Dieter Brunowsky
Autor von "Opa das kannst du auch - mein Enkel erklärt mir den Computer

Abschicken (Bitte nur einmal klicken)

Beispiel für eine direkt an einen Politiker gestellte Frage.

Maximilian grinst und fragt: „Sollen wir nicht schreiben, dass wir die Autoren von *Opa – das kannst du auch!* sind?“ Ich bin dagegen, denn das wäre versteckte Werbung.

Mit dem Internet das Konto verwalten

Ich gehöre zu den Leuten, die ihre Sparkasse um die Ecke haben und dort jeden Tag den Kontoauszug holen und ein Schwätzchen mit den netten Damen an der Kasse halten. Das sieht meine Bank aus der Sicht der Personalkosten natürlich nicht so gern. Bei so einem Gespräch hat mir der Filialleiter – ohne an seine Kosten zu denken – mit beredten Worten von den Vorzügen des ***Homebankings*** überzeugt.

Es wäre ganz einfach und man wäre ja schließlich trotz seiner 83 Jahre ein fortschrittlicher Kunde. Ich solle doch ganz einfach *www.haspa.de* anwählen und erleben, wie ungleich erotischer der Bildschirm für den Bankkunden sei, als die Mädchen an der Kasse. Maximilian ist noch in der Schule und ich gebe die Adresse der Hamburger Sparkasse allein ein.

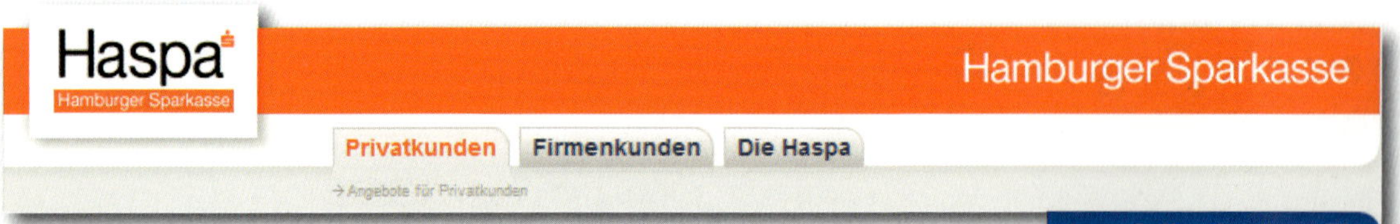

Überheblich, wie ich bin, versuche ich mich nicht erst mit dem angebotenen Testkonto, sondern schreite zur Tat: Ich wähle den kleinen roten Pfeil zum ***Online-Kunde werden.*** Stolz tippe ich meine Kontonummer ein, die man als Pensionär von den vielen Überweisungen an Ärzte her auswendig kennt und setze in das nächste Feld meine ***PIN*** von der EC-Karte. Aber das war wohl nix.

Als ich am Nachmittag Maximilian das noch einmal vormache und schwöre, die richtige Kontonummer und ***PIN*** eingegeben zu haben, belehrt mich der Kleine: „Opa, bei Geld hört das auf mit dem Selberwählen von Passwörtern. Es ist viel zu gefährlich, deine ***PIN*** von der EC-Karte im Netz zu benutzen. Hier musst du erst bei der Bank eine andere geheime ***PIN*** beantragen. Vorher läuft nichts!"

Gesenkten Hauptes gehe ich zur Bank, um meine Geheimnummer zu beantragen. Nun wird mir erklärt, dass ich eine ***PIN*** (***P***ersönliche***I***dentifikations***N***ummer) zugeschickt bekomme, die ich zum Benutzen meines Kontos im Internet brauche, und getrennt davon einen Bogen mit sogenannten ***TANs*** (***T***rans***A***ktions***N***ummern).

WAS SIND PIN UND TAN?

Die Geheimzahl PIN ist jedem bekannt, der mit einer EC-Karte bezahlt oder Geld am Automaten holt. Für das Homebanking ist noch eine höhere Sicherheit erforderlich. Um Geld zu überweisen, braucht man eine Liste mit TAN genannten Codes, die bei jeder Transaktion wechseln.

Als Erstes kommt meine neue ***PIN.*** Gespannt warte ich noch drei Tage, dann trifft auch die Liste mit den ***TANs*** ein. Ich lese, dass ich noch nicht einmal meine ***TAN*** selber wählen kann. Jede ***TAN*** hat eine laufende Nummer und bei jeder Überweisung sagt mir der Computer, dass ich zum Beispiel die ***TAN*** Nummer 53 benutzen soll. Dann suche ich in der Liste, finde *(53) 50921* und gebe *50921* ein. Anschließend streiche ich diese Zahl durch. Meine per Post erhaltene ***PIN*** muss ich nur einmal eingeben und dann durch eine selbst gewählte Zahl ersetzen.

Maximilian kommt, und nun wollen wir das alles ausprobieren. „Opa, jetzt nur die Nerven behalten. Erst einmal müssen wir uns mit der neuen ***PIN*** einloggen. Dann werden wir weitersehen."

„Logisch, dass wir über das

Kontonummer und zugesandte PIN eingeben – nicht die PIN der EC-Karte!

Login Online Services hineinmüssen. Sonst verwirren sie dich mit Texten darüber, was du alles bei der *Haspa* mit deinem Homebanking für schlaue Sachen machen kannst. Dich interessieren aber doch nur die Mäuse auf deinem Konto und die Möglichkeiten, sie an deinen Arzt zu überweisen. Bargeld holst du dir doch weiterhin am Automaten!“

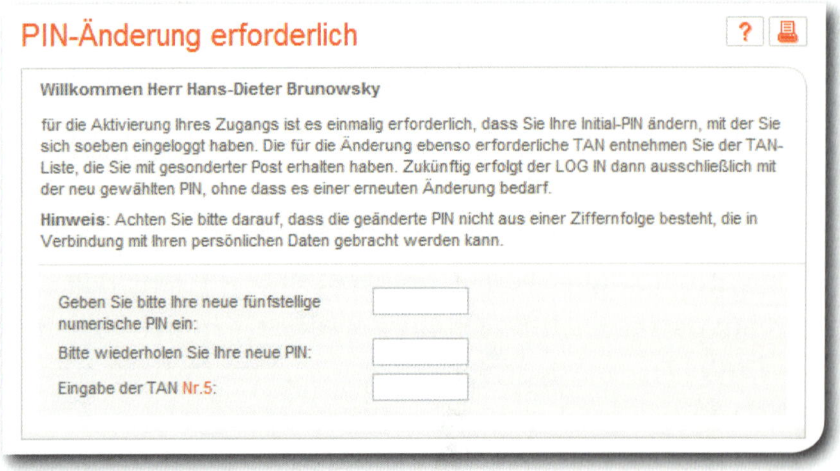

Sicherheit geht vor. Die PIN wird noch einmal geändert, bevor es losgeht.

„Aha, das brauchst du jetzt aber nur ein einziges Mal zu machen. Du hast dich ja mit der per Post erhaltenen ***PIN*** eingeloggt und diesmal wurde sie als gültig erkannt. Jetzt ersetzt du diese ***PIN*** durch eine eigene Zahl mit fünf Ziffern. Schreib dir das bloß irgendwo auf! Die Zahl darf aber keiner kennen, und du darfst sie nicht vergessen. Das ist echt eine weniger leichte Übung für dich!

Nachdem du die ***PIN*** geändert hast, musst du das mit einer ***TAN*** bestätigen, deren laufende Nummer dir der PC vorgibt. Und jetzt kannst du dich immer einloggen, den Kontostand abfragen und Geld überweisen.

Wenn du nach dem Einloggen links auf ***Kontoumsätze*** klickst, erhältst du deine Kontobewegungen. Hast du zwei Konten, musst du eins von beiden vorher wählen. Also bei ***Bitte auswählen*** auf den blauen Haken klicken und dann aus den angezeigten Konten eines aussuchen!“

„Dann auf ***Weiter*** klicken, und jetzt bekommst du die Übersicht über deine Kontobewegungen der letzten zehn Tage!"

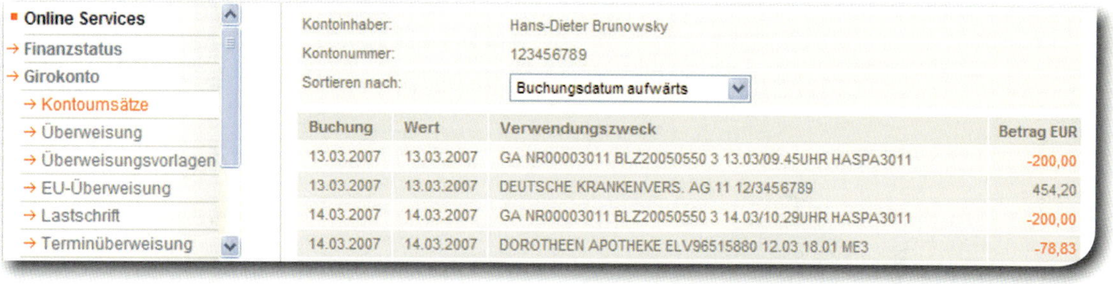

„Und nun wollen wir einmal testen, wie du überweisen kannst." Ich klicke also links erst ***Girokonto*** und dann ***Überweisung*** an.

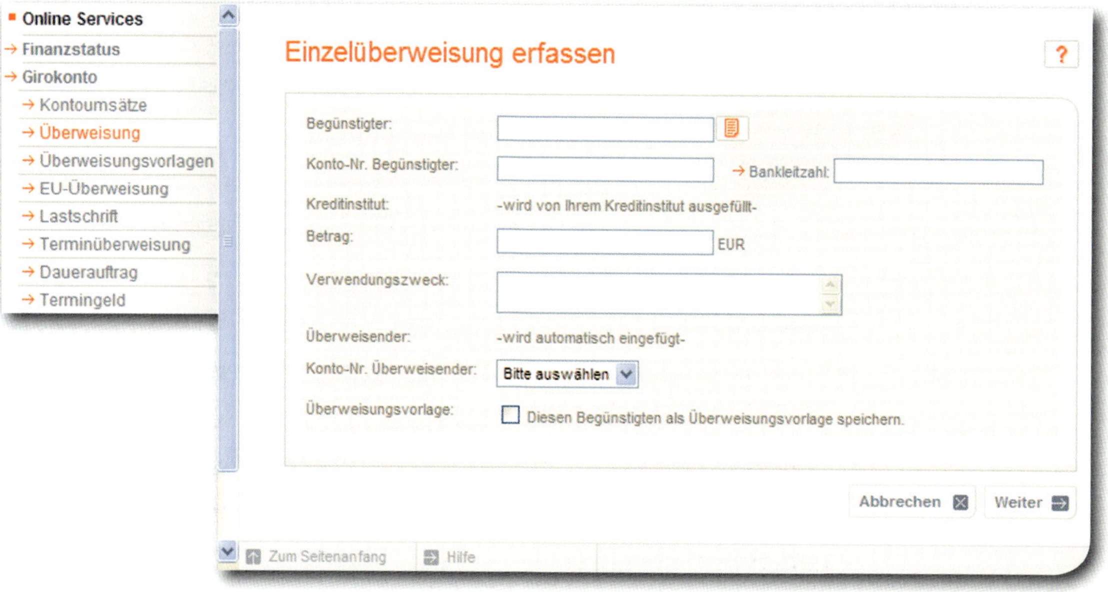

Befriedigt lehnt sich mein Berater im Sessel zurück: „Na, ist das nicht supereinfach von deiner Hamburger Sparkasse programmiert? Du musst wieder nur das Konto auswählen, sonst ist alles wie auf einem Überweisungsbeleg gestaltet. Sogar die Bankleitzahl genügt denen! Überweisungen, die sich wiederholen, kannst du speichern und immer wieder aufrufen. Da sparst du ne Menge Zeit. Klick nach dem Ausfüllen auf ***Weiter.*** Jetzt passiert, was sie dir geschrieben haben: Du bekommst eine Nummer für die ***TAN*** angezeigt. Erst, nachdem du die dazugehörige ***TAN*** aus deiner Liste eingegeben hast, wird die Ausführung der Überweisung bestätigt."

Mir raucht der Kopf, die neue ***PIN*** habe ich schon vergessen, aber ich bemühe mich jetzt krampfhaft, zu behalten, wo ich die Zahl versteckt habe, damit sie keiner finden kann.

Solange ich gut zu Fuß bin, werde ich allerdings doch noch meine Auszüge bei der Filiale abholen und den netten Damen an der Kasse guten Tag sagen. Aber wenn die Beine einmal nicht mehr wollen, ist das eine feine Sache, dieses ***Homebanking.***

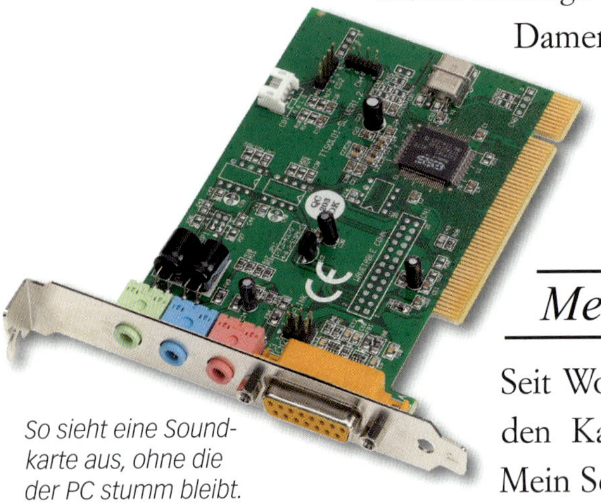

So sieht eine Soundkarte aus, ohne die der PC stumm bleibt.

Mein Computer spielt Musik

Seit Wochen machen zwei kleine Lautsprecher den Kabelsalat hinter meinem PC komplett. Mein Schwiegersohn hat versucht, mir eine ausgemusterte „Klangkarte" einzubauen, mit der ich Musik hören könnte. Sogar das Programm ***Windows Media Player*** hat er mir geladen, aber die Lautsprecher blieben stumm wie die Fische. Maximilian hatte für die Klimmzüge seines Onkels nur ein mitleidiges Lächeln übrig:

„Ist doch klar: Du musst zu jeder ***Soundkarte*** einen ***Treiber*** laden und installieren."

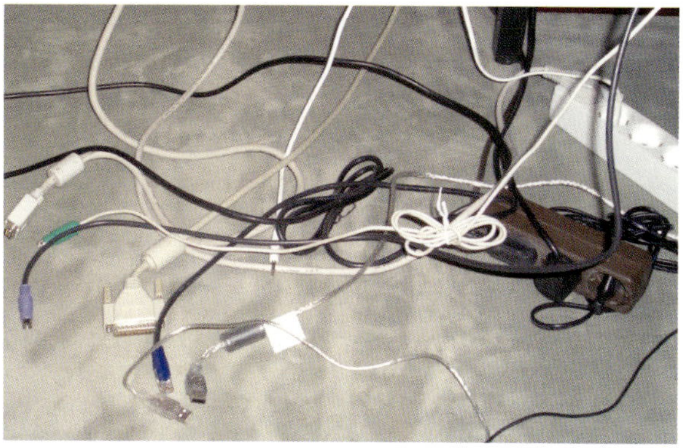

Nur die Jugend weiß, welcher Stecker in welche Dose gehört.

Kurz entschlossen kaufe ich eine neue ***Soundkarte*** mit ***Treiber***-CD, die zu meinem Erstaunen nur 7,50 Euro kostet, und bitte meinen Enkel, damit für Musik auf meinem Computer zu sorgen.

Zu meinem großen Entsetzen reißt mein Enkel alle Kabel aus meinem Computer heraus, ohne sich vorher zu notieren, in welche Steckdosen die verschiedenen Drähte nachher wieder hineinmüssen.

„Keine Sorge, ich bau dir alles wieder so zusammen, dass der Rechner funktioniert. Aber ich muss die Kabel herausziehen, um die Rückwand zu entfernen. Dahinter sitzt nämlich die ***Soundkarte,*** die ich auswechseln will, damit der passende ***Treiber*** installiert werden kann."

Ich bin heilfroh, dass ich das nicht selbst machen muss. Abgesehen davon, dass ich das alles nicht kapiere, will ich mir die erforderlichen Verrenkungen gar nicht zumuten …

Es dauert keine zehn Minuten, da ist der Kasten wieder zu, die Kabel alle in den richtigen Löchern und der ***Treiber*** für die ***Soundkarte*** installiert. Als ich den PC eingeschaltet habe, quittiert der unerwartet seine Operation mit einem G-Septimenakkord aus dem Lautsprecher. Ich bin sprachlos!

Musik legal aus dem Internet laden

Mein Enkel hat sofort eine Internetadresse bei ***Google*** gefunden, unter der man sich Musik legal herunterladen kann: *www.musicload.de.*

Sicherheitshalber nehme ich die Startseite gleich zu meinen ***Favoriten.*** Dann geht es ans Ausfüllen einer Maske – das Übliche:

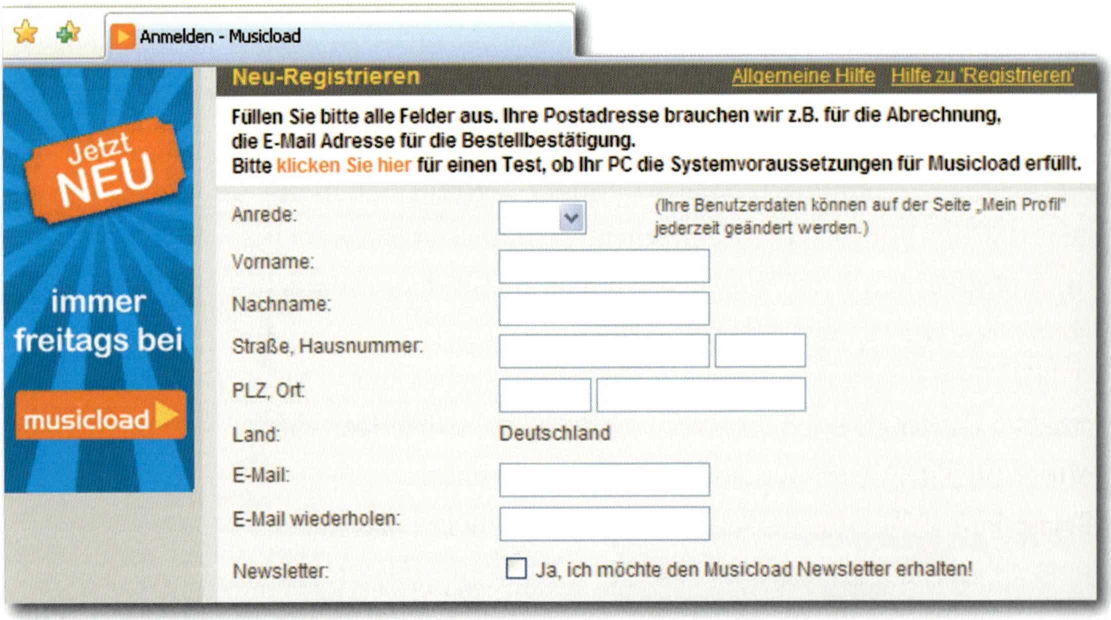

So schnell kann ich gar nicht mitlesen, wie Maximilian die Felder ausfüllt. Es ist immer das Gleiche: Name, Adresse, E-Mail-Adresse und die Aufforderung, einen Newsletter zu bestellen, den ich nicht haben will. Aber einen Benutzernamen müssen wir wählen. Maximilian schlägt dafür *Brunohans* vor, was mein Sprachgefühl beleidigt – aber wenn es der Wissenschaft dient …

„Wähl jetzt ein Passwort und notier es im Merkbuch unter ‚Musik'. Jetzt musst du noch die vorgegebenen Zeichen *EY3284* eingeben, und dann gehst du mit einem Klick auf ***Registrieren.***"

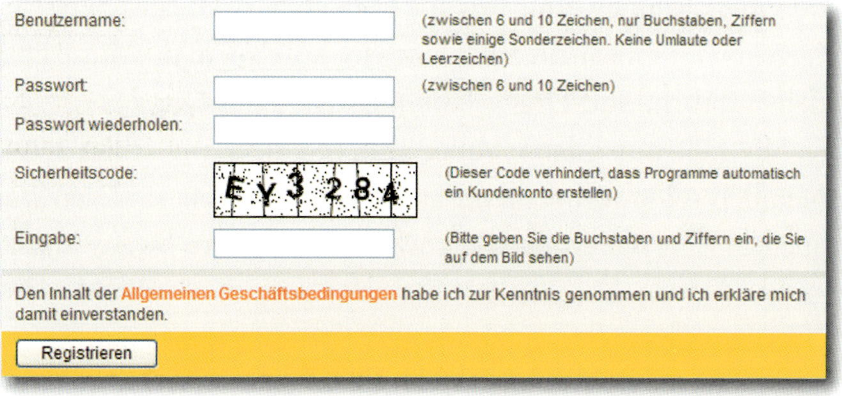

Das ist ein Code, den man wiederholen muss, damit mit diesem Service kein Schindluder getrieben werden kann.

„Jetzt bekommst du gleich eine E-Mail, wo du einen ***Link*** anklicken sollst.“

Woher der Bursche so was wissen kann?

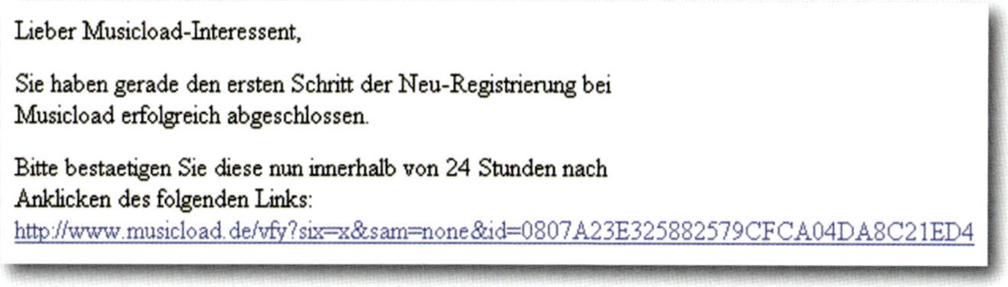

Lieber Musicload-Interessent,

Sie haben gerade den ersten Schritt der Neu-Registrierung bei Musicload erfolgreich abgeschlossen.

Bitte bestaetigen Sie diese nun innerhalb von 24 Stunden nach Anklicken des folgenden Links:
http://www.musicload.de/vfy?six=x&sam=none&id=0807A23E325882579CFCA04DA8C21ED4

Wir haben den ***Link*** angeklickt, und es geht weiter mit der Registrierung, bis wir die folgende Nachricht bekommen:

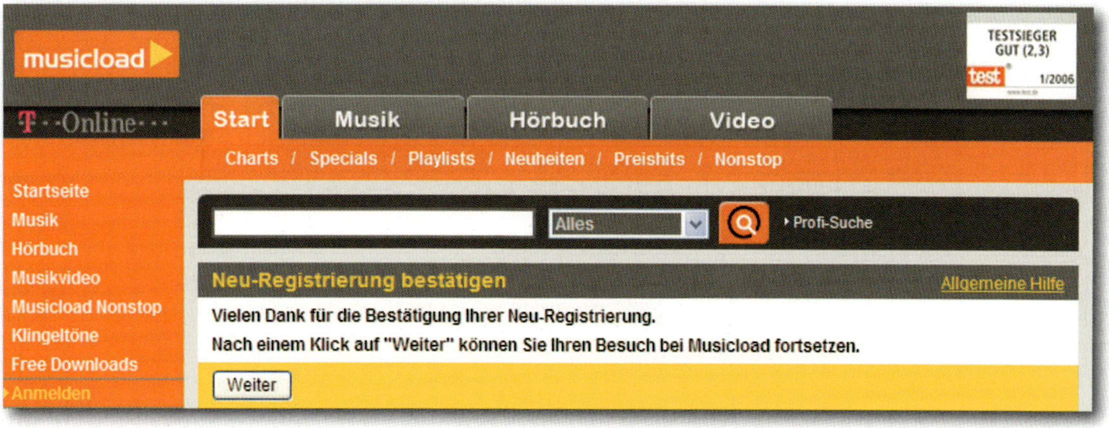

„Also, da kommen jetzt wieder Seiten mit ***Willkommen in ihrem persönlichen Bereich*** usw. Die Begrüßungsfloskeln musst du nicht ernst nehmen. Die wollen dein Geld, und sonst bist du ihnen ziemlich egal. Was soll also ein persönlicher Bereich? Geben wir einfach ein Suchwort ein, unter dem du Musik aus deinen Sturm-und-Drang-Jahren finden kannst."

Mir fällt nur Glenn Miller ein, von dem wir schon 1944 heimlich seine verbotenen Platten gehört haben, und den wir auch in den Jahren nach dem Krieg als unsere Swing-Musik geliebt haben. Also rein mit *Glenn Miller* in das Suchfeld!

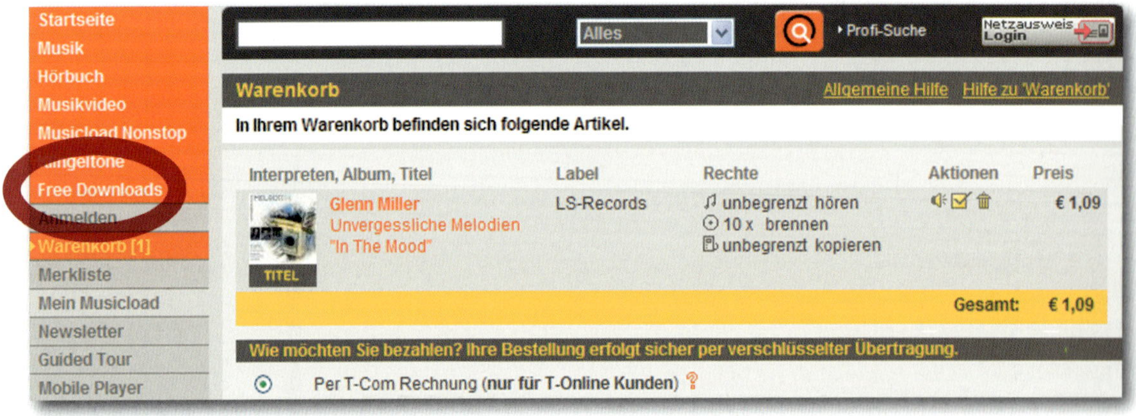

Die Software zum Downloaden ist kostenlos, nur die Musik bezahlt man.

„Wir haben uns also durch die übliche Bestellroutine durchgeklickt und deine Glenn Miller-CD *In The Mood* in den ***Warenkorb*** gelegt. Jetzt musst du bezahlen. Bei dem Betrag von 1,09 Euro erscheint es mir logisch, das mit der ***T-Com***-Rechnung abbuchen zu lassen. Du bist ja ***T-Online***-Kunde. Wundere dich aber nicht, wenn sie da wieder ein Passwort verlangen ..."

Mir steht der Schweiß auf der Stirn beim Gedanken, das alles allein machen zu müssen, wenn ich einen Glenn Miller hören will.

Wie selbstverständlich klickt der Junge im rot gedruckten Text auf das Weiße und öffnet mit einem Link das ***Download Center.*** Dann scrollt er auf den blauen Häkchen herum, bis die Worte ***Windows Media Player*** und der ***Player 11*** in der ***Deutschen Sprachversion*** eingestellt sind.

„Du brauchst zwar nur die ***Version 9*** vom Player, aber da du ***Windows XP*** hast, kannst du dir gleich die neueste Version holen, wenn es nichts kostet."

Da hat er natürlich recht. Und – schwupps – ist schon der ***Player 11*** installiert, bevor ich auch nur die leiseste Ahnung davon habe, was der macht. Ich brauche ja auch nur zu wissen, dass mein PC ohne ***Media Player*** keinen Ton von sich gibt.

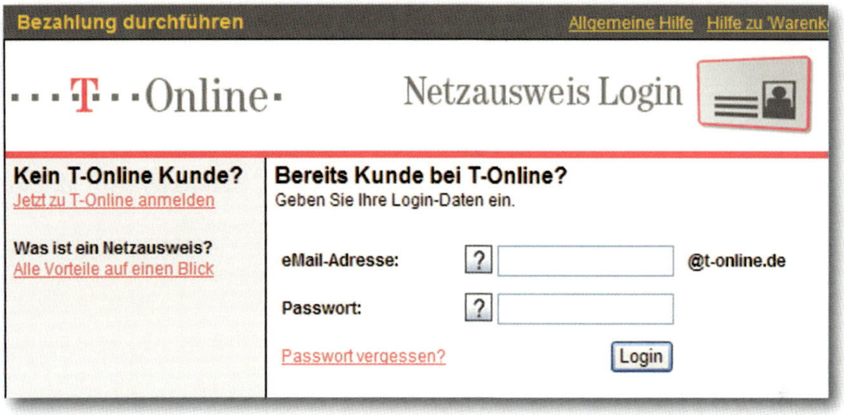

Als Kunde kann man die Kosten der Musik über die T-Online-Rechnung abbuchen lassen.

„Jetzt ist guter Rat teuer, Opa. Wo hast du dein Passwort für ***T-Online?***"

Sein Motto ist ja, wer Ordnung hält, ist nur zu faul zum Suchen! Meine Generation hat Leitz-Ordner, wo man alles findet! Und dann schlage ich stolz meinen ***T-Online***-Ordner auf, wo gleich obenauf ein praktischer Karton von der Telekom zum Ablegen solcher Daten liegt.

Wir ziehen das schwarze Formular heraus und geben die Zahl ein, die wir dort unter ***Ihr persönliches Kennwort lautet*** finden. Und obwohl diese Zahl über ein Jahr alt ist, erkennt ***T-Online*** sie sofort wie-

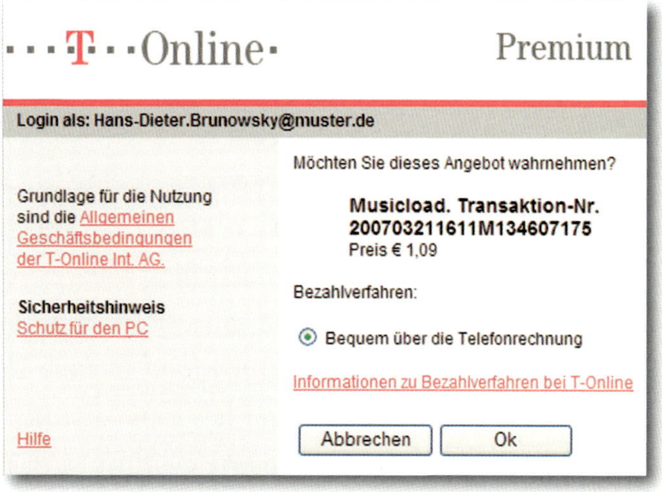

der, und wir können weitermachen. Es ist das erste Mal, dass mein Enkel über mich staunt! Ordnung ist nicht sein Ding …

„Die Anmeldung machst du nur einmal. Jetzt kannst du über die Telefonrechnung weiter Musik bestellen und bezahlen, indem du auf so einem Formular ***OK*** klickst."

Die bezahlte Musik darf man beliebig oft kopieren und auch auf zehn CDs brennen.

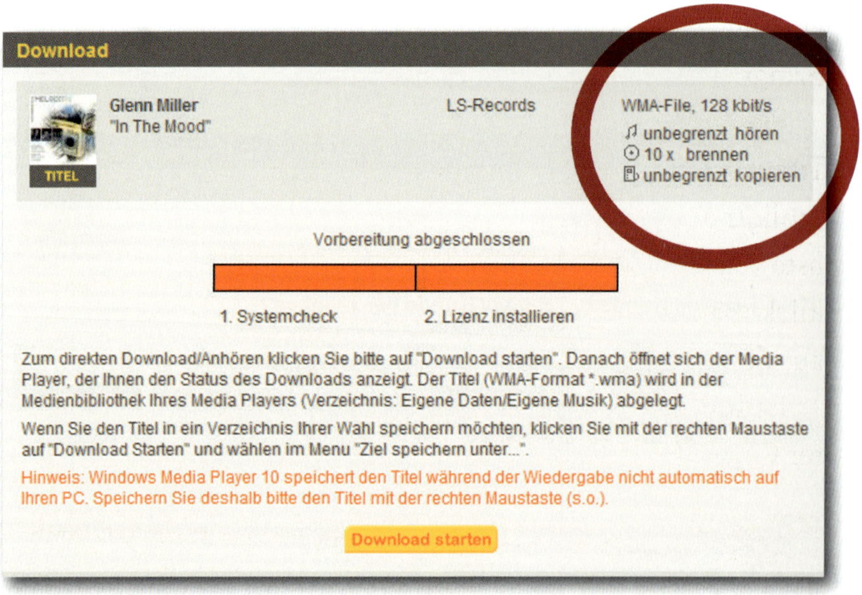

„Auf der Seite, die sich jetzt geöffnet hat, findest du wichtige Informationen: Sobald du den Titel bezahlt hast, darfst du ihn unbegrenzt hören, bis zu zehnmal auf CD brennen und unbegrenzt kopieren. Wenn du den Titel in einem eigenen Ordner speichern willst, musst du ***Download starten*** mit der rechten Maustaste anklicken. Sonst öffnet sich direkt der ***Media Player*** und leitet dich dann weiter."

Das geht mir alles viel zu schnell, um es zu begreifen. Ich will doch nur einmal meine Jugenderinnerungen an den Swing der guten alten 40er-Jahre mit *In The Mood* wecken. Maximilian ist zuversichtlich, dass es jetzt bald Musik auf die Ohren geben wird, und klickt munter auf das gelbe Feld mit der roten Schrift ***Download starten.*** Ich bin gespannt, ob es gleich tönen wird, aber ich muss erst noch eine neue Seite auf dem Schirm geduldig ertragen: Es ist das Bild vom ***Media Player.*** In dessen

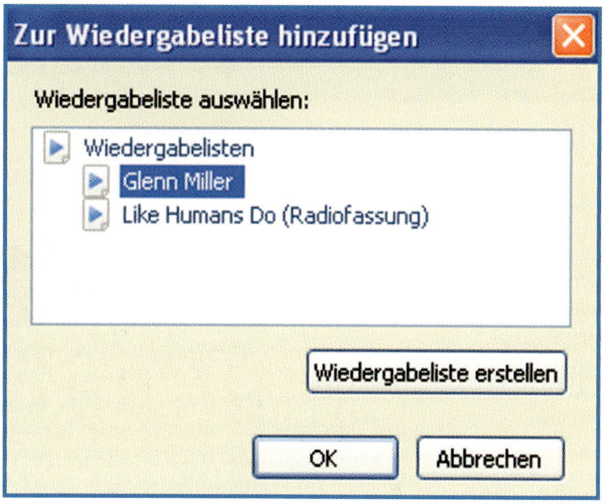

Mitte wird aber noch ein Menü angeboten, das wir abarbeiten müssen

„Es gibt offenbar eine Wiedergabeliste im ***Media-Player*** mit dem Namen *Glenn Miller.* Klick mal einfach auf ***OK*** und schau, was es bringt.

Siehst du, Opa, jetzt hast du den Titel *In The Mood* in deiner Medienbibliothek unter der Wiedergabeliste *Glenn Miller* gespeichert. Nun klick mal den Reiter ***Medienbibliothek*** und, wenn der blau ist, auf den Titel."

Es funktioniert! Aus dem Lautsprecher ertönt mein geliebter Glenn Miller.

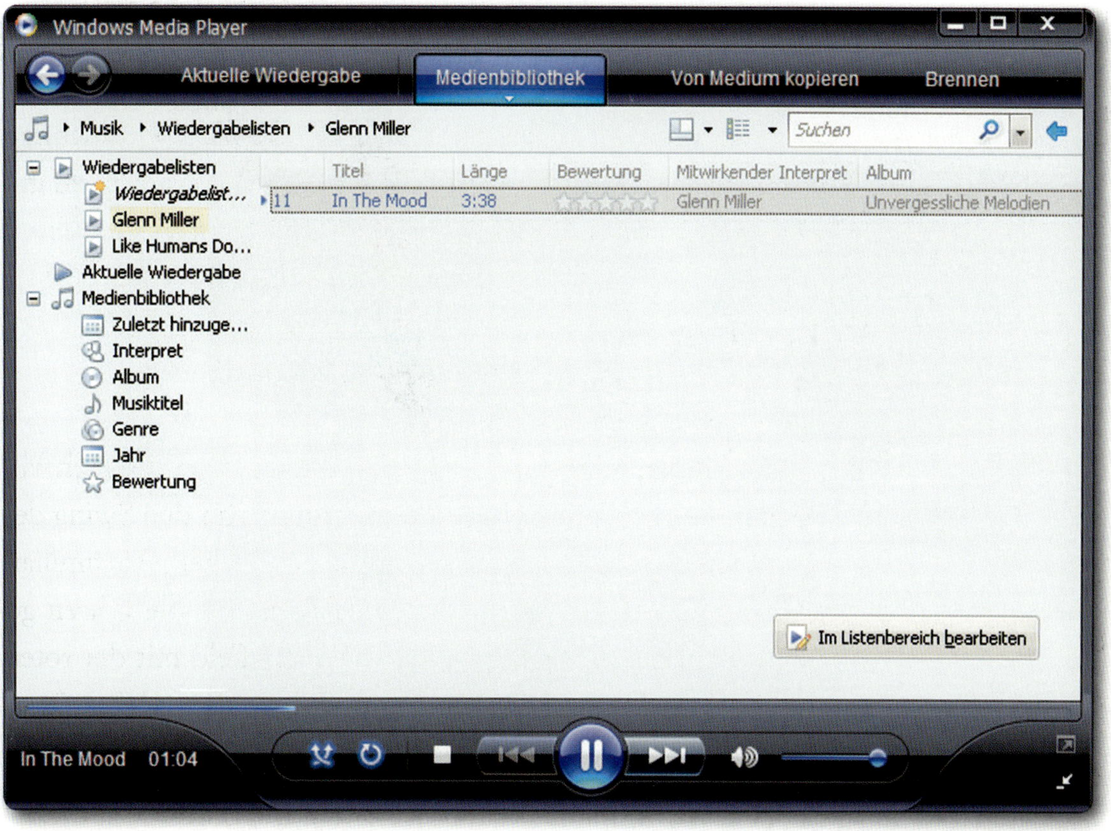

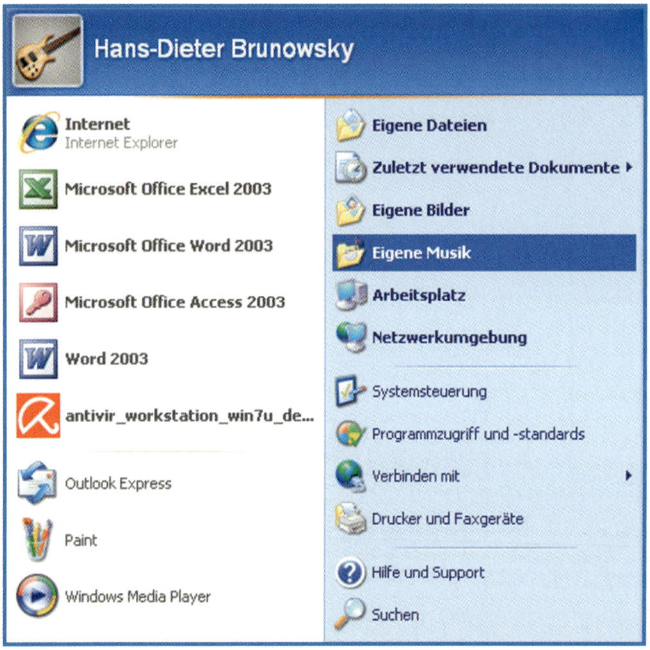

Maximilian verlässt stolz wie tausend Russen unser Experimentierfeld und lässt mich mit Glenn Miller und meinen Jugenderinnerungen allein.

Natürlich möchte ich das Experiment allein wiederholen. Ich habe alles ausgeschaltet, starte neu und gehe auf der Startseite anschließend auf ***Eigene Musik.***

Im ***Explorer*** finde ich Wiedergabelisten, einen Ordner *Glenn Miller* und komme problemlos bis zum eingeschalteten ***Windows Media Player.*** Aber mein Lautsprecher bleibt stumm. Frustriert rufe ich Maxi an und bitte um Rat.

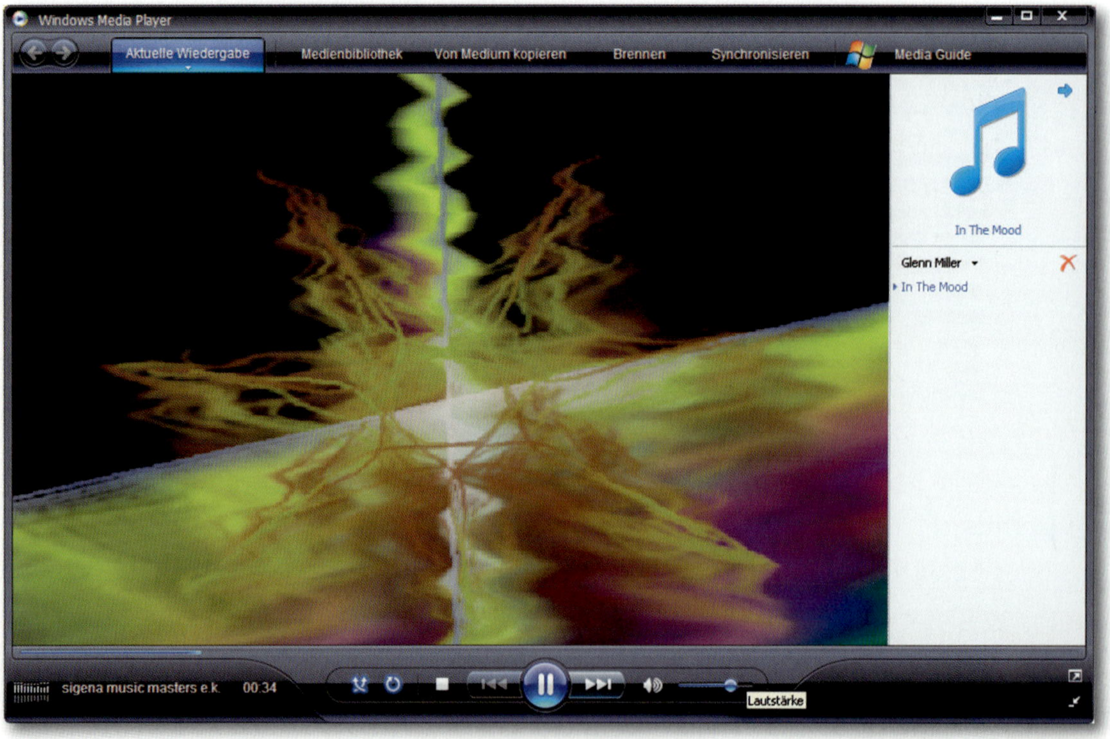

ILLEGALE MUSIKBÖRSEN

Aus der Presse ist bekannt, wie viel Schindluder mit illegal heruntergeladenen Musikstücken getrieben wird, denn technisch ist es kein Problem. Wie das Tauschgeschäft läuft, wird hier aber nicht beschrieben. Nur so viel: Es kann teuer werden, wenn man dabei erwischt wird.

„Hast du im Ordner *Glenn Miller* den Titel *In The Mood* mit Doppelklick geöffnet? Was für ein Bild ist jetzt auf deinem Schirm?“

Ich beschreibe den ***Media Player*** mit seinen wechselnden Kunstwerken und der Programmzeile unten.

„Siehst du rechts unten das Symbol für einen Lautsprecher? Klick es einmal an, um zu prüfen, ob der Ton aus ist. Wenn nicht, noch mal klicken.

Das war es also nicht. Aber rechts daneben ist eine blaue Linie mit einem Kreis, den kannst du hin und her schieben, um die Lautstärke zu verändern. Der befindet sich ganz nah beim Lautsprecher.“

Als ich ihn nach rechts schiebe, ertönt mein Glenn Miller und wird immer lauter! Also, der Junge ist doch ein Ass!

Die Lautstärke kann man am Media Player wie beim Radio regeln.

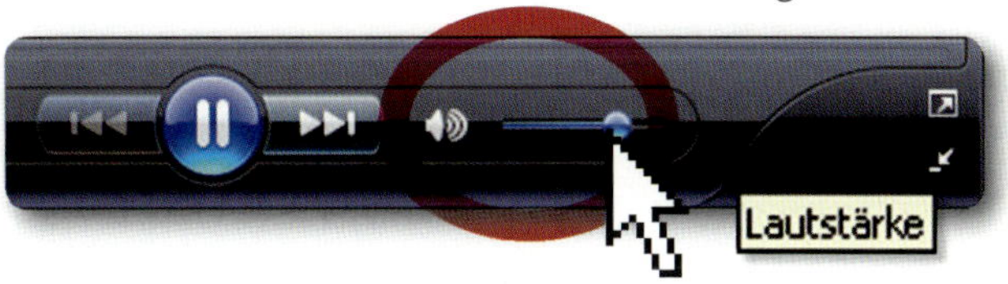

Am anderen Ende des Telefons hört man förmlich das Anschwellen einer stolzen Brust. Aber wahrscheinlich habe ich den Knopf an der Box mal leise gestellt und dann den Lautstärkeregler am ***Media Player*** beim Experimentieren ohne Ton auf null geschoben. So was per Ferndiagnose festzustellen, ist schon eine reife Leistung.

Jetzt habe ich also gelernt, wie man Musik in den PC bekommt, die man sich kurz zuvor auf elektronischen Weg aus dem Internet geladen hat. Jetzt muss ich nur noch meine Lieblingsschlager finden.

VORSICHT IST BESSER

Ein Schutz gegen Viren und Trojaner ist heute selbstverständlich. Aber auch vor harmlos daherkommenden Abzockern sei gewarnt. Immer die Seiten ganz herunterscrollen und lesen, bevor man als Senior gutgläubig etwas bestellt.

Warnungen

Abzocker im Internet

Es gibt so viele nette Tests im Internet, dass man immer wieder versucht ist, zum Zeitvertreib mitzumachen. So fülle ich arglos einen Fragebogen aus, mit dessen Hilfe man mir sagen kann, wie alt ich werde. Wen interessiert das nicht?

Ich schreibe meine Antworten in den Fragebogen und gebe meine Daten ein. Kreuzchen in die AGB (wer liest schon vier Seiten Kleingedrucktes?) und dann ein Klick auf ***Jetzt Test starten.*** Dass ich die Seite noch weiter nach unten scrollen muss, bemerke ich als Anfänger natürlich nicht. 14 Tage später erhalte ich eine Rechnung über 99 Euro! Der Betrag stand ganz unten am Schluss und war erst nach dem Herunterscrollen überhaupt zu sehen.

In den Allgemeinen Geschäftsbedingungen konnte ich dann nachlesen, dass ich bei einer Adresse in Saudi-Arabien Widerspruch einlegen könne, sofern ich die Leistung noch nicht in Anspruch genommen hätte. Natürlich war inzwischen eine Urkunde da, der zufolge ich 90 Jahre alt würde. Ich hätte mir vor Zorn in den Bauch beißen können. Aber zum Glück habe ich eine Juristin als Enkelin, die mir empfahl, nicht zu bezahlen.

Sie meinte, das wäre ein ganz windiger Trick. Und diese Abzocker würden vor Gericht ohne Chancen sein, das Geld einzutreiben. Aber ich habe gelernt, erst alles zu lesen, bevor ich etwas im Internet unter Angabe meiner Daten absende.

Rechtstipps von meiner Enkelin

Meine Enkelin ist Richterin und heißt Nicola Schmitz. Nach diesem Reinfall gab sie mir eine Reihe von Verbrauchertipps fürs Internet, die ich hier gern meinen Lesern weitergebe.

Ich frage: Welche Rechte habe ich als Internet-Kunde?

Opa, du hast die gleichen Rechte wie ein Kunde im Geschäft. Bestellst du also zum Beispiel ein Buch oder ein Elektrogerät und erhältst die falsche oder eine defekte Ware, kannst du Austausch der falschen und Reparatur der defekten Ware verlangen.

Zusätzlich hast du bei Geschäften, die über das Internet laufen, grundsätzlich ein Widerrufsrecht. Das bedeutet, dass du innerhalb von zwei Wochen nach Erhalt der bestellten Ware den Vertrag durch eine einfache Erklärung widerrufen kannst.Und zwar auch, wenn die Ware völlig in Ordnung ist.

Ich frage: Wie übe ich denn mein Widerrufsrecht aus?

Opa, das ist ganz einfach: Schreib zum Beispiel einfach Folgendes:

> **Sehr geehrte Damen und Herren,**
> **hiermit widerrufe ich den Kauf des Buches …**
> **Mit freundlichen Grüßen**
> **Karl Mustermann**

Wichtig ist, dass das Widerrufsrecht grundsätzlich nur zwei Wochen ab Erhalt der Ware ausgeübt werden kann. Die Frist kann zwar im Einzelfall länger sein, dafür kommt es aber sehr auf die Ausgestaltung des „Kleingedruckten“ an. Auf der sicheren Seite bist du, wenn du von zwei Wochen ausgehst. Für die Einhaltung der Frist reicht es, wenn du das Schreiben rechtzeitig absendest. Die Widerrufserklärung kannst du übrigens auch per E-Mail verschicken.

Ich frage: Gibt es Fälle, in denen kein Widerrufsrecht besteht?

Ja, Opa, die gibt es. Zum einen besteht ein Widerrufsrecht nur dann, wenn du von einem gewerblichen Anbieter kaufst. Dies ist häufig bei Käufen über eBay nicht der Fall, weil hier ja auch

Privatpersonen verkaufen. Also da besonders aufpassen! Zum anderen besteht kein Widerrufsrecht, wenn du CDs, DVDs, CD-ROMs oder sonstige Datenträger gekauft hast, die versiegelt geliefert worden sind. Hast du die Versiegelung aufgebrochen, gibt es keinen Widerruf.

Übrigens, Opa: Besondere Vorsicht ist geboten, wenn du im Internet nicht Waren kaufst, sondern zum Beispiel kostenpflichtig einen Rat einholst oder Software herunterlädst. Bei diesen und anderen Dienstleistungen erlischt dein Widerrufsrecht bereits mit Erbringung der Dienstleistung, also wenn du die Beratung erhalten hast oder die Software auf deinem Computer gespeichert ist.

Ich frage: Entstehen mir durch den Widerruf Kosten?

Natürlich musst du die Ware zurückschicken, Opa. Ich weiß, das ist lästig, besonders bei größeren Waren, muss aber sein. Die Rücksendekosten hat zwar grundsätzlich der Verkäufer zu tragen. Er kann aber in seinen Allgemeinen Geschäftsbedingungen, dem „Kleingedruckten", Ausnahmen regeln: Zum Beispiel, dass der Käufer diese Kosten dann trägt, wenn die zurückgesendete Ware nicht mehr als 40 Euro kostet. Die gleiche Regelungsmöglichkeit besteht für teurere Waren, sofern das Geld noch nicht gezahlt oder angezahlt ist.

Du solltest davon ausgehen, dass die Internetanbieter von dieser Möglichkeit Gebrauch gemacht haben. Insbesondere dann, wenn du Sachen für weniger als 40 Euro gekauft hast und zurücksenden willst, musst du meist selbst zahlen.

AGB

*Diese Abkürzung steht für: **A**llgemeine **G**eschäfts**b**edingungen*

Ich frage: Wohin schicke ich den Widerruf und die Ware?

Die Adresse muss sich aus der Internetseite des Verkäufers ergeben, Opa. Du musst unter Umständen etwas suchen, aber im Gesetz ist vorgeschrieben, dass der Verkäufer in seinem Impressum die entsprechenden Angaben machen muss.

Ich frage: Welche weiteren Pflichten hat der Internetverkäufer?
In der Kürze kann ich dir natürlich nur die wichtigsten Punkte nennen, Opa. In der BGB-Info-Verordnung (*www.gesetze-im-internet.de/bgb-infov*) sind diverse Informationspflichten geregelt, die die Anbieter im Internet erfüllen müssen, insbesondere:

> **Der Unternehmer muss die Kunden über alle entstehenden Kosten informieren. Dies beinhaltet neben dem Kaufpreis auch die Versandkosten und sonstige Kosten, die der Unternehmer berechnen möchte.**

> **Der Unternehmer muss seine Kunden aufklären, welche einzelnen technischen Schritte zum Vertragsschluss führen. Das bedeutet, dass bei seriösen Anbietern nicht die Gefahr bestehen sollte, schon mit dem ersten Klick einen Vertrag abgeschlossen zu haben.**

Wie gut, wenn man die richtigen Enkel hat! Ich danke Nicola herzlich für die Verbrauchertipps.

Trojaner und Viren in Bilddateien

Nun hilft mir Maxi nochmal weiter: „Opa, die Leser sollten nochmal auf das Thema Virenschutz hingewiesen werden.“ Recht hat er! „Opa, du musst besonders bei Mails aufpassen, die angeblich von der Bank kommen und nach einem Passwort fragen“, meint Maximilian. „Keine Bank wird dir so eine Frage in einer E-Mail stellen! Passwörter gehören in deine Schublade, aber du darfst sie niemals irgendwo auf dem PC speichern. Setzt sich wirklich mal ein ***Trojaner*** fest, kann er alle Passwörter mühelos lesen und versenden.“ Mehr noch: „Schädliche Programme (***Viren***) können auch in Bilddateien versteckt sein, also auch in Mails, die bunt und farbig scheinbar harmlose Werbung machen. Der Schädling verbreitet sich dabei beim Öffnen der Mail, sobald das Bild sichtbar wird. Davon merkst du erst mal gar nichts."

Der Junge kann einem ja mit dieser Warnerei den ganzen Spaß am Computer verderben, denke ich, höre aber mit gebremstem Interesse weiter den Belehrungen zu.

„Vermeiden kannst du das nur, indem du das Vorschaufenster beim Mailprogramm deaktivierst. Klick mal bei ***Outlook Express*** oben auf ***Ansicht*** und wähl im Menü ***Layout.***

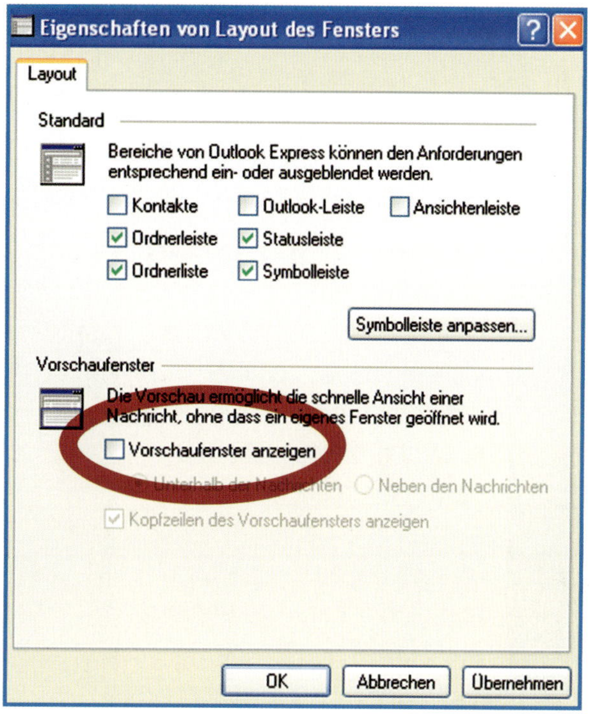

Viren werden auch mit Bildern übertragen. Deshalb am besten das Vorschaufenster nicht anzeigen lassen.

Oben ist das Standard-Layout, das du brauchst. Im unteren Teil folgt das Layout für die Vorschau. Da entfernst du den Haken im Kästchen ***Vorschaufenster anzeigen.*** Auf ***Übernehmen*** klicken, und schon ist eine Gefahrenquelle weg!"

Ich muss noch einmal ins Unreine denken, bevor ich das endgültig kapiere. Wenn ich im Posteingang drei neue Nachrichten habe, dann stehen die fett gedruckt über meiner Liste der Eingänge. Sobald ich eine Zeile doppelt anklicke, wird erst einmal die Mail geöffnet. Steht eine Klammer vor der Zeile, dann hat sie eine Anlage. Und Anlagen soll ich bei fremden Absendern niemals öffnen. Aber Maximilian geht noch einen Schritt weiter: „Ist eine Klammer vor der fremden Mail-Adresse, dann ist schon der erste Doppelklick gefährlich. Allein das Öffnen der Mail kann den PC infizieren, wenn die Bilder schon im Text stehen. Also bleib lieber in deinem Freundeskreis und vermeide Abenteuer!" Und noch besser ist die Regel: Mails von fremden Absendern immer gleich löschen. Das kann ich mir merken.

SCHÖNE NEUE MICROSOFT-WELT

Laut Werbung soll Windows Vista ein neues Zeitalter der Computerbenutzung einläuten. Vieles ist bunter geworden, manches auch einfacher zu bedienen. Eines ist sicher: Man muss sich erst einmal daran gewöhnen und einiges neu lernen.

Keine Angst vor Windows Vista

Mein alter Computer, den ich vor drei Jahren geschenkt bekam, stammt von 1995. Da darf schon mal etwas Neueres her, sagten sich meine drei Kinder und schenkten mir ein brandaktuelles Gerät mit der Begründung, ich müsse meine grauen Zellen fit halten …

Der Fortschritt geht also auch an uns Senioren nicht vorbei. Bill Gates hat die Menschheit mit einem neuen Betriebssystem namens ***Windows Vista*** beglückt. Man kann es für viel Geld kaufen – aber wer sich einen neuen PC anschafft, bekommt dieses Betriebssystem umsonst.

Der EDV-Fachmann, den ich das neue Gerät installieren lasse, empfiehlt mir, auch mein ***Microsoft Office Paket*** mit ***Word, Excel*** und ***Outlook*** zu erneuern. Ich willige ein.

So stürzen wir uns in das Abenteuer, das neue Betriebssystem zu erforschen. Auch für Maximilian ist alles ganz neu, aber es gibt mir doch ein beruhigendes Gefühl, wenn er mir über die Schulter schaut.

Neuer Computer – neues Betriebssystem: Willkommen Windows Vista!

„Aha Opa, hier wirst du höflich begrüßt. Das ist doch schon mal so, wie in ***Windows XP.*** Klicken wir mal auf ***Mit dem Internet verbinden!***“

Wir haben keine Probleme, unsere ***T-Online-***Verbindung mit dem Internet herzustellen. Die Dialogfenster sind verständlich. Nachdem wir eine ominöse Breitbandverbindung weggeklickt und bei unserem bewährten ***T-Online*** geblieben sind, bekommen wir die Bestätigung, dass wir Verbindung zum Netz haben.

Ich bin ja im Internet kein Anfänger mehr, und ***Windows Vista*** ist nicht so furchtbar anders als ***Windows XP.*** Aber beim ersten Probieren habe ich mich mit den Symbolleisten auf Kriegsfuß begeben. Wir wollen mal mit Maxi erforschen, was den Programmierern da für moderne Maschen eingefallen sind. Ich öffne also eine normale leere Seite mit ***Word,*** um das unter Assistenz eines Experten zu checken:

„Lass uns mal mit dieser Symbolleiste etwas experimentieren, Opa! Es gibt kein ***Datei-***Menü mehr. Probier mal das bunte Symbol links oben aus! Siehst du, da findest du jetzt das gewohnte Menü mit ***Schließen, Speichern*** oder ***Drucken.*** Jetzt versuch mal, was passiert, wenn du in der obersten Leiste ***Einfügen*** wählst."

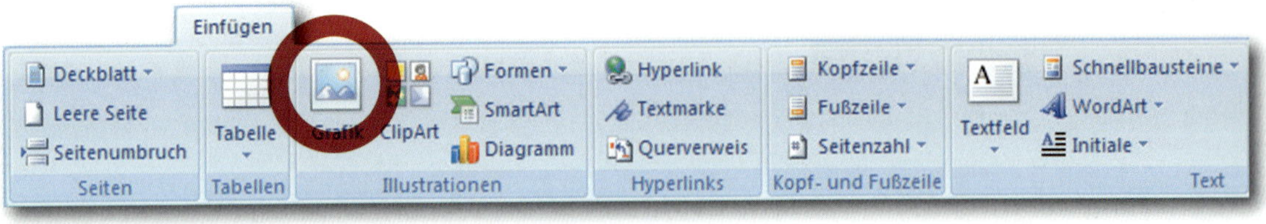

„Siehst du Opa, jetzt hast du eine völlig andere Symbolleiste im Angebot. Es muss nicht mehr mühselig das Wort Grafik gelesen und angeklickt werden. Stattdessen klickst du auf ein Bildchen mit Sonne und Bergen. Dann öffnet sich automatisch der Ordner *Eigene Bilder.*“

Ich klicke auf ***Grafik,*** und die Symbolleiste ändert sich schon wieder:

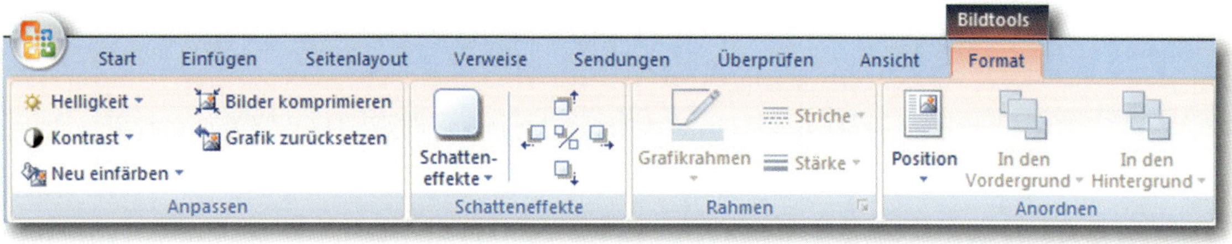

„Nun steht das Wort ***Bildtools*** über ***Format,*** und du findest rechts das dir schon bekannte Symbol, mit dem du ein Bild zuschneiden kannst.“

Wird die Maus zu diesem Symbol, lässt sich das Bild in der Größe beschneiden.

Wir erforschen weiter, was ***Vista*** Neues anbietet. Sehr gewöhnungsbedürftig ist es, dass Symbolleisten einfach verschwinden, wenn man noch mit ihnen arbeitet. Wir wollten zum Beispiel ein Bild zuschneiden, und plötzlich war wieder die Startleiste aktiv. Da half dann nur der Trick, ein paar Schritte zurückzugehen, bis die Leiste wieder da war, in der wir gearbeitet hatten.

„Mit diesem krummen Pfeil kannst du zurückspringen, wenn etwas schiefgelaufen ist.“

Dass ***Tool*** auf Neudeutsch für Werkzeug steht, habe ich begriffen. Alles sehr gewöhnungsbedürftig, aber immerhin verständlich. Mein Berater verschwindet, und ich übe mit einer leeren ***Word***-Seite das Zaubern mit Symbolleisten.

Am nächsten Abend sind wir wieder bereit, gemeinsam ***Vista,*** unser neues Betriebssystem, zu erforschen. Ich erzähle Maximilian, welche Vielzahl von neuen Möglichkeiten das Betriebssystem hätte, aber er meint, das wären alles nur Eigenschaften der neuen ***Word 2007***-Software. Ich will da nicht lange diskutieren. Es ist mir so was von egal, ob ***Vista*** oder ***Word*** die ***Tools*** (das Wort habe ich mir gemerkt!) anbietet. Hauptsache, ich kann damit arbeiten.

„Opa, jetzt zeige ich dir etwas, das ganz sicher von ***Windows Vista*** gesteuert wird. Klick mal auf die Ikone ***Computer-Verknüpfung!***

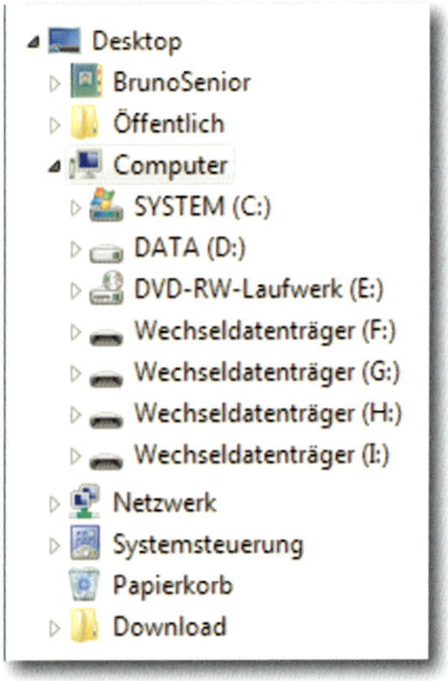

Mit diesem Befehl öffnest du das Archiv deiner Dateien, und da sind ja nicht nur ***Word***-Dateien drin, sondern auch dein Arbeitsplatz mit dem CD-Laufwerk. Und das alles verwaltet das neue Betriebssystem ***Vista.*** Mal sehen, ob wir das gleich verstehen."

Der Angstschweiß rinnt mir über die Schläfen. Alle meine Dateien, die Bilder, die ***Word***-Texte, meine Buchhaltung sind weg! Was bitte sind Wechseldatenträger? Ich trage meine Sorgen dem Experten vor, der mir Mut zuredet.

„Opa ich bin ja bei dir. Deine Dateien sind noch da. Wir müssen sie nur finden. Offenbar ist die Liste hier auf Überschriften reduziert. Wenn du die anklickst, kommen auch deine Ordner wieder ans Tageslicht. Klick mal den Namen *BrunoSenior* an!"

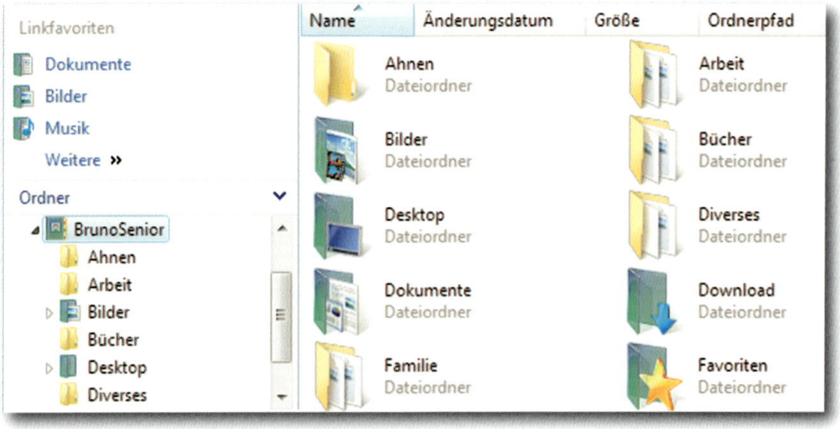

In mehreren Spalten und mit kleinen Symbolen sind die Ordner nach Kategorien aufgeteilt.

Gemeinsam schauen wir uns das Ergebnis an. Unter dem Oberbegriff *BrunoSenior* stehen jetzt wieder hübsch gelistet meine Ordner, aber für des Lesens weniger Kundige sind sie rechts noch einmal als Bilder zu sehen. Mir fällt auf, dass ich hier schon bei der Durchsicht meiner Dateien die Favoriten aus dem Internet wählen kann. Vermutlich genügt ein Klick, um gleich auf der entsprechenden Seite zu sein. Aber wir probieren erst einmal den Ordner *Bilder* aus:

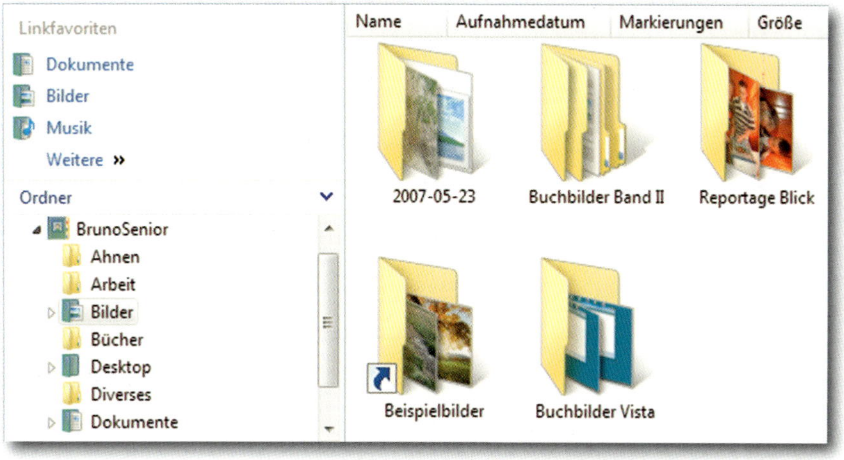

Auf der linken Seite bleibt die Liste der Ordner unverändert, aber rechts stehen jetzt aufgeklappte Unterordner, aus denen die Farbtupfer der darin befindlichen Bilder herauslugen. Maximilian ist begeistert, aber der hat – wie offenbar auch die Programmierer von Bill Gates – mehr Comic-Hefte in seinen frühen Jahren angeschaut als ich.

Die Möglichkeit, gezielt nach den zuletzt bearbeiteten Dokumenten zu suchen, erleichtert das Arbeiten unter Vista erheblich.

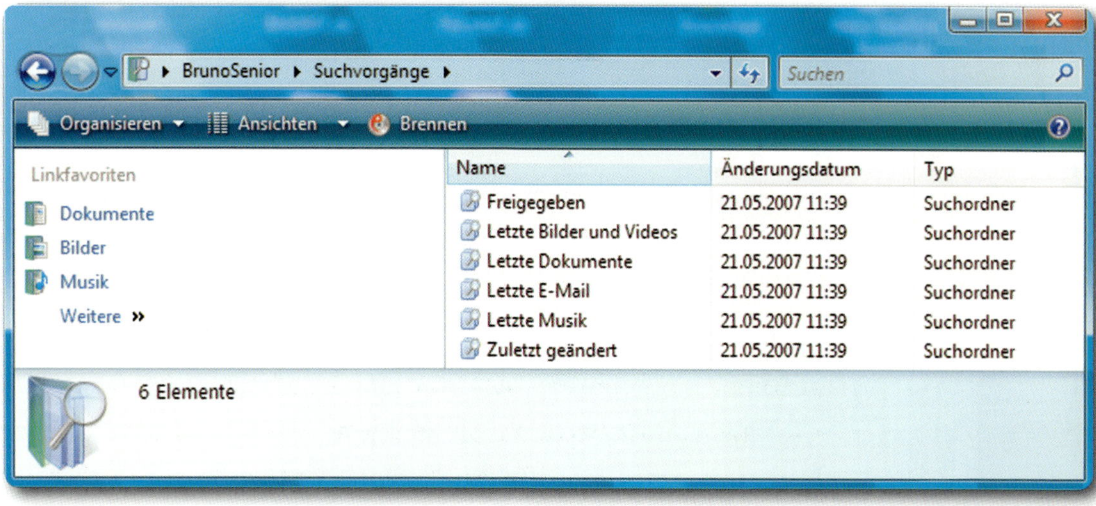

„Schau mal Opa, was ***Windows Vista*** noch kann: Du hast doch immer das Problem, den Ordner mit deinen neuesten Fotos nicht zu finden, wenn du sie Oma zeigen willst. Hier kannst du Suchvorgänge einleiten, auf ***Letzte Bilder und Videos*** klicken, und schon brauchst du keine Gespräche darüber zu führen, dass man die Bilder im Album schneller gefunden hätte. Aber hier findest du auch die letzten E-Mails oder Änderungen in deinen Dateien schnell wieder. Du musst nur den Ordner ***Suchvorgänge*** finden, dann kannst du ***Letzte Bilder, Letzte Dokumente, Zuletzt geändert*** oder ***Letzte E-Mail*** finden."

Ich probiere es aus. Tatsächlich erscheint neben meinem Ordner ***Suchvorgänge*** die Liste der letzten E-Mail-Kontakte, und mit einem Klick auf einen Namen sogar der Vers von Wilhelm Busch, den ich jemandem gesendet habe. Ich fange an, mich von ***Vista*** überzeugen zu lassen. Aber ob ich meine letzten Fotos auch finde, möchte ich noch ausprobieren:

So, Maximilian, das Suchen im Archiv meiner Dateien habe ich jetzt voll drauf. Kannst du mir noch einmal erklären, wie ich das ***Speichern, Drucken*** oder ***Schließen*** eines Dokuments veranlassen kann? Wenn ich jetzt bei einem ***Word***-Dokument auf ***Start*** klicke, öffnet sich nur eine Symbolleiste.

„Neben ***Start*** ist doch dieses bunte Symbol, das du immer Eumel nennst. *(Bei der Marine nennt man alles Eumel, wofür man* *die genaue Bezeichnung nicht kennt. Anm. d. Autors)* Da geh mal mit dem Pfeil drauf und schau, was passiert.

Also, das ist ja auch für Leute verständlich, die mit der kalifornischen Bilderschrift aufgewachsen sind. Klick mal auf das bunte Ding und schau dir die Möglichkeiten etwas größer an!“

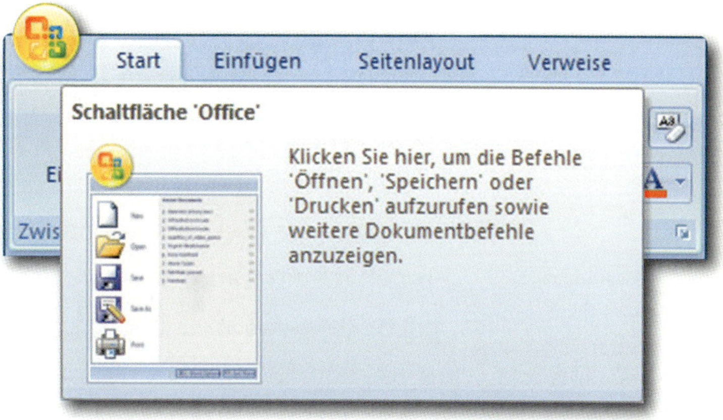

Fährt man mit der Maus über das farbige Symbol oben links, ohne zu klicken, bekommt man Hinweise, welche Aktionen man in diesem Menü ausführen kann.

Ein Klick, und es erscheint all das, was ich bei ***Windows XP*** früher unter ***Datei*** gefunden habe: ***Öffnen, Speichern, Speichern unter, Drucken, Senden*** und ***Schließen.*** Mich interessiert jetzt nur noch, wie ich das Dokument versenden kann.

„Opa das ist doch logisch, du must dann eben auf ***Senden*** gehen!“

Jetzt hab ich meinen Lehrer auf dem falschen Fuß erwischt: Und woher soll der PC wissen, an wen ich das Dokument senden will? Wir probieren es einfach mal aus:

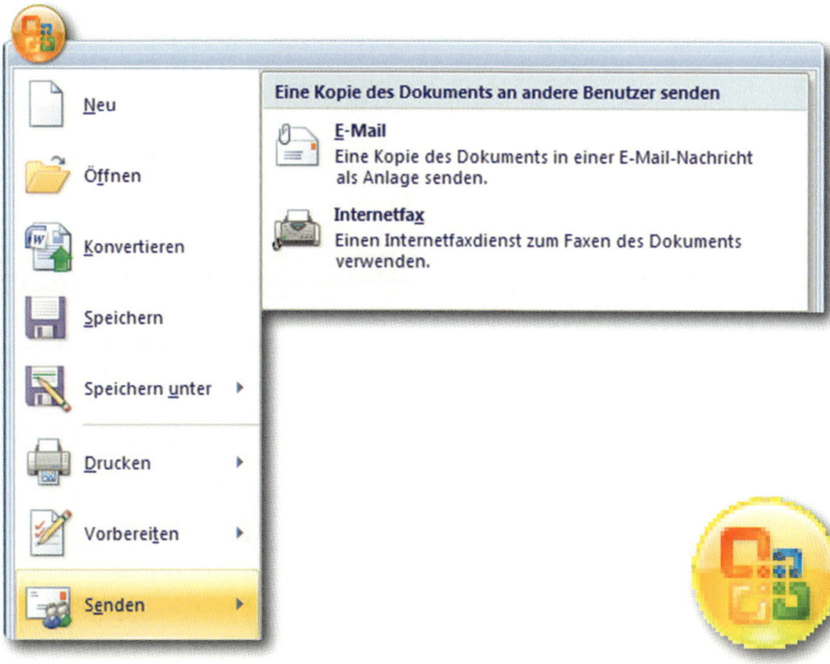

Unter dem neuen Office-Symbol befinden sich jetzt die Funktionen, die früher im Datei-Menü waren.

„Na ja, natürlich musst du noch im E-Mail-Formular hineinschreiben, an wen die Anlage gehen soll, aber das ist ja nichts Neues für dich!“

Ich frage bescheiden an, ob wir nicht noch ausprobieren sollten, was passiert, wenn jemand mit einem älteren Computer meine Dokumente, die ich jetzt in ***Word 2007*** schreibe, nicht öffnen kann. Das weiß Maxi auch nicht, aber mit blitzschnellen Klicks hat er die Lösung:

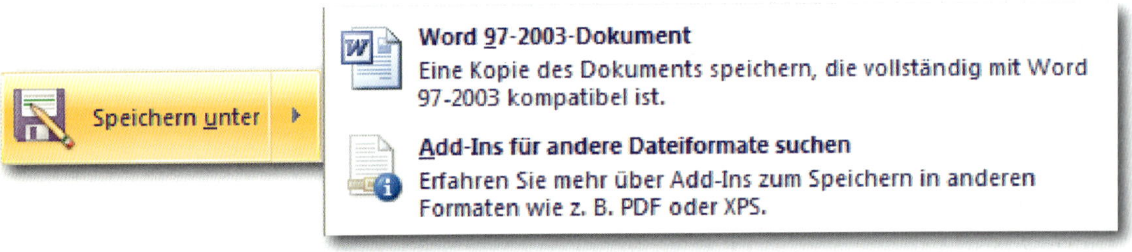

„Da steht es schwarz auf weiß, dass du jedes Dokument so speichern kannst, dass es vollständig mit ***Word 97-2003*** kompatibel ist. Wenn du sie so speicherst, ist es jedem, dem du sie als E-Mail-Anlage schickst, garantiert möglich, sie auch zu öffnen.“

Ich wage nicht, zu fragen, was kompatibel ist – aber das muss man ja nicht wissen, wenn es funktioniert …

Die voreingestellte erste Seite im Internet Explorer unter Vista ist die von MSN aus dem Hause Microsoft.

Wir wollen jetzt mal mit ***Windows Vista*** ins Internet. Wie immer bietet man mir eine Breitbandverbindung an, aber ich bleibe bei ***T-Online,*** und die verbinden mich wie gewohnt. Auch die Startseite ist mir nicht fremd:

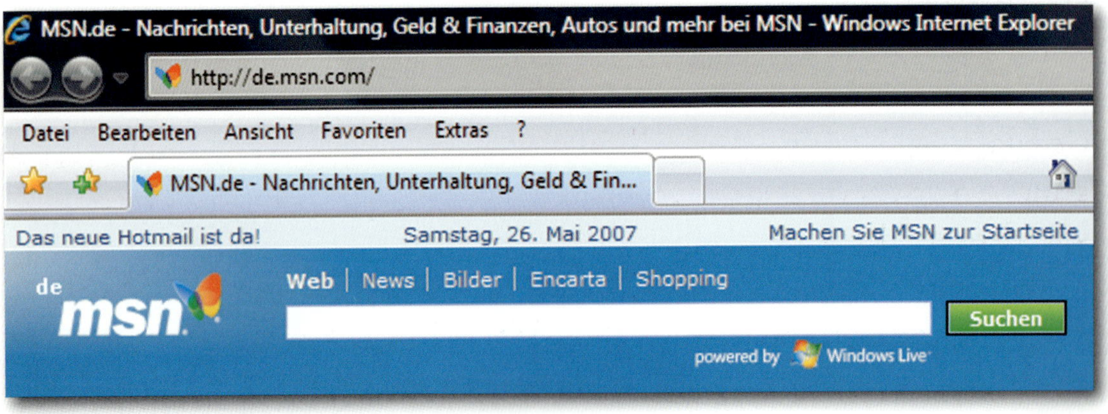

„Opa, hier kannst du, ohne ***Google*** aufzurufen, gleich bei ***MSN*** deinen Suchbegriff eingeben. Oben ist eine Menüleiste. Bei ***Bearbeiten*** kannst du, wie gewohnt, ***Kopieren*** und ***Einfügen*** wählen. ***Kopieren*** funktioniert aber nur, wenn du vorher eine Stelle auf der Internetseite markiert hast. Bei ***Datei*** bekommen wir wieder das gewohnte Menü. Aber du kannst auch rechts oben direkt zum Drucker kommen."

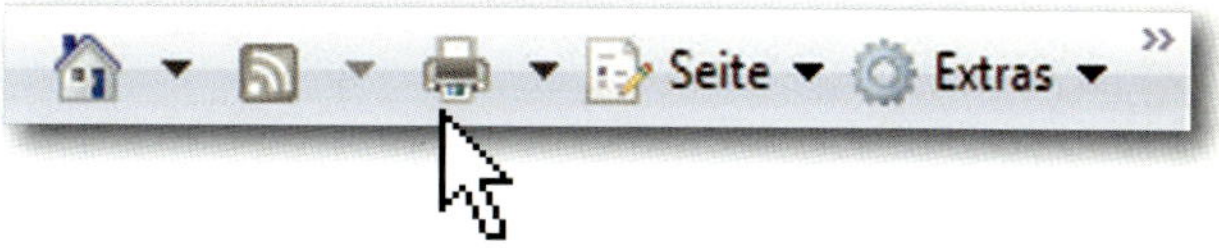

Ich probiere das aus. Im ***Datei***-Menü muss ich erst mühsam ***Drucken*** auswählen, rechts in der Symbolleiste rasselt der Drucker sofort los. Das Haus-Symbol bringt mich zur Startseite und unter ***Extras*** kann ich diese Menüleiste verändern.

„Opa, am unteren Rand gibt es noch ein Symbol, das wir nicht ausprobiert haben, bei dem mehrere Seiten dreidimensional abgebildet werden: . Lass uns das mal anschauen:

Wenn mehrere Fenster gleichzeitig geöffnet sind, verliert man leicht die Übersicht. Aber mit einem Klick auf dieses Symbol kann man auf einen Blick sehen, was man alles in Bearbeitung hat."

Bei mehreren übereinanderliegenden Fenstern behält man per Mausklick den Überblick.

Wir haben uns an das neue Betriebssystem schnell gewöhnt. Mit etwas Geduld beim Experimentieren ist alles irgendwann gefunden, was früher anders aussah oder woanders stand.

Maximilian klopft mir gönnerhaft auf die Schulter: „Opa, jetzt kannst du auch mit ***Windows Vista*** deinem Hobby nachgehen und das Internet auch ohne mich entdecken."

L

M

N

O

P

R

S

T

V

W

Z

WEITERE BÜCHER

Lebenshilfe

Der Bestseller aus dem BrunoMedia Buchverlag

OPA – das kannst du auch!
Mein Enkel erklärt mir den Computer
140 Seiten
ISBN: 978-3-9809607-5-5
12,80 EURO

Alle Informationen zum Buch, ständig neue Tipps und der eigene Blog des Autors im Internet: www.opadaskannstduauch.de

Lebensart

Qualitäts-Titel vom BrunoMedia Buchverlag

Tauchen weltweit
322 Seiten, 200 Fotos
ISBN 978-3-9809607-0-0
24,80 EURO

Tauchen ultimativ
272 Seiten, 250 Fotos
ISBN 978-3-9809607-1-7
19,80 EURO

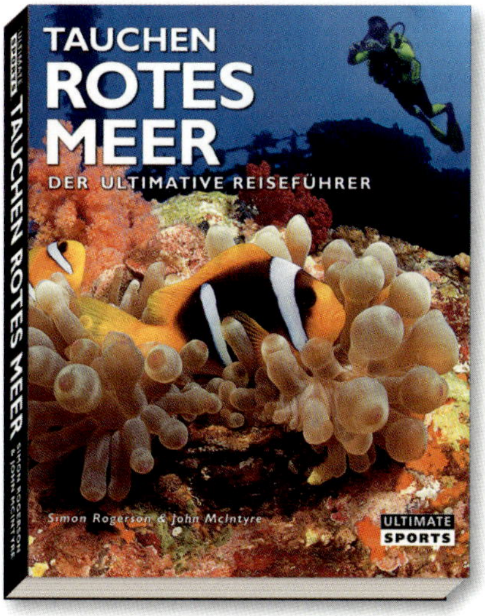

Tauchen Rotes Meer
352 Seiten, 350 Farbfotos und Karten
ISBN 978-3-9811506-1-2
34,80 EURO

Luxus-Resorts der Welt
464 Seiten, 700 Fotos
ISBN 978-3-9809607-2-4
39,80 EURO